前厚生労働大臣
根本　匠

疾風に勁草を知る

政治家　根本匠の生き方

平田淳裕＆匠フォース

中央公論事業出版

序にかえて

厚生労働大臣としての約一年間、厚生労働省の皆さんには大変お世話になりました。何よりもまず、感謝の気持ちを伝えたい。

在任中の一番の思い出は、なんといっても「2040年を展望した社会保障・働き方改革」のビジョンをまとめ、方向性を示したことだ。

もう一つは「統計問題」。これは当初は分からなかったが、昔からの経緯がある根深い問題だった。対症療法的に対応してはまずい。そう判断して、戦力の逐次投入ではなく統計以外の部署からも一気に人員を投入し、思いを一つにして取り組んだことで難局を乗り切ることができた。最終的に「厚生労働省統計改革ビジョン2019」を打ち出し、統計改革のレールも敷いた。厚労省の皆さんには、ぜひ霞が関の統計行政のフロントランナーを目指して今後も取り組んでほしい。

厚労行政は、ミクロの国民生活、マクロの社会・経済の両方に深く関わる。令和の時代に行政のど真ん中を担うのが厚労省である。国民に身近な行政だけに、いろいろな意見や批判を集めやすいが、それは厚労行政への期待の裏返しでもある。萎縮せずにミクロとマクロの幅広い視野をもとに政策を考え、熱意を持って実現に挑んでほしい。私は職員の皆さんの粘り強さや誠実さ、論理性、正義感、そしてバランス感覚が日本をよくすると信じている。

在任中に取り組んだ様々な厚生労働省改革も、こうした信念に基づくものだった。

まず令和二年度の新規採用だ。「統計問題」の余波で厚労省を志望する学生が減るのではないか、と本当に心配していた。何度でも繰り返すが、霞が関の中で最も重要な行政分野を担当するのが厚労省だ。やり甲斐のある仕事があるだけでなく、やる気のある優秀な人に、ぜひこの仕事を担ってほしい。国家公務員総合職合格者の官庁訪問が始まる前の週に「挑戦者よ、来たれ！」という大臣メッセージをツイッターなどで発信した。次の世代の厚労省、社会保障、そして国の礎となる有為な人材をこれまでで最も多い三六名も採用することができた。令和二年組の皆さんは、それだけの期待をもって迎えられることを忘れないでほしい。省内、省外でも熱い気持ちを持って挑戦を続けることが日本のためになるはずだ。

官房機能を高め、ガバナンスの強化にも取り組んだ。厚労省の仕事量が年々増えていくことも何とかしなければいけない。そんな思いで歴代の大臣経験者にも話を聞いた。これまでの大臣経験者が口をそろえて言っていたことがある。「厚労省は業務量に対し人手が足りない」ということだ。公務員制度を担当する宮腰光寛大臣に直談判し、定員を増やす道筋をつけたことができた時は本当にうれしかった。

時代を動かすのは若い世代である。厚生労働省改革を進める上でもやはり若手の声を聞きたかった。「若者よ、決起せよ！」と発破をかけて若手官僚の皆さんに意見をぶつけてもらった。できることはすぐにやる。若手チームが出した提言の中から、まず適切な冷房温度の設定など職場環境の改善を進めた。廊下の照明も明るくした。小さなことといわれるかもしれない。だが省内の雰囲気も少しは変わったと思う。わずかずつでも前に進んだ結果は厚労省から霞が関、国全体へと広がっていくはずだ。この役所は日本を変える震源地になりうる立場にある。

私も若手議員の頃から社会保障に取り組んできた。それでも厚生労働大臣となってより実務に近いところで日夜奮闘すると、忘れかけていた若い頃の情熱が蘇ってくるのを感じた。日本にとって社会保障制度改革と経済成長は車の両輪だ。令和の時代になって厚労省の重要性はさらに高まる一方だ。

再び言う。こんなにやりがいのある仕事はない。「本質を見極める力」「政策の構想力」「課題解決能力」を磨き、これからも頑張ってほしい。

退任間際に、育児をしながら仕事をする女性職員の皆さんと話をさせていただいた。障害者選考採用の第一期生として入省したての職員の皆さんにも話をうかがった。様々な課題に直面しながら、それぞれが意欲とやりがいを持って解決に取り組み、仕事で成果を出していることに、私も力づけられた。

今から二〇年も前の話だが、私は厚生政務次官を退任する際に「I shall return」と言い残して厚生省を去った。そして、厚生労働省に大臣として戻ってきた。

今回も「I shall return」。もちろん冗談だが、気持ちは常に厚生労働省と共にある。皆さんが難題に立ち向かう時には、私も共に汗を流し、同じ熱意で挑む。そういう決意表明だと受け止めてほしい。


（令和元年九月一二日「厚生労働大臣退任挨拶」より）

疾風に勁草を知る

◆

目　次

資　料

第一章　知力、体力、胆力、そして忍耐力

一　「巨大官庁」厚生労働省

（一）「根本さんしかいない」と安倍総理

◆再入閣果たす

平成三〇年（二〇一八年）一〇月二日。根本匠は、第四次安倍第一次改造内閣の厚生労働大臣（兼働き方改革担当大臣）に就任する。

内閣改造直前、根本は永田町の喧噪をよそに日々の政務を淡々とこなしていた。根本は、宏池会の筆頭副会長の立場にある。派の幹部として新入閣組を優先すべきであり、自身の再入閣は「ないだろう」と思っていた。

ところが、前日の午後八時過ぎ、派閥の領袖である岸田文雄自民党政務調査会長から電話が入

る。

「根本さんの再入閣が有力だ。安倍さんの口から根本さんの名前が何度も出ていた。高く評価していたよ」

安倍晋三総理大臣から評価されているとすれば、党の憲法改正推進本部の事務総長として憲法改正四項目の案のとりまとめを主導したことかな。そんなことを考えているうちに安倍総理から電話で再入閣の要請があり、「ポストは明朝連絡します」という。

夜のテレビニュースでは、推測混じりの入閣報道が飛び交っている。根本は自宅でテレビを見ながら「厚生労働は大変そうだし、（大臣を）やるなら好きな農林水産もいいかな？」などと予想していたが、翌日午前八時半頃に電話で告げられたポストは「厚生労働大臣」。総理は「やれるのは根本さんしかいない」と付け加えた。

厚生労働大臣との指名に、根本は「やっぱり」と思ったが、「根本さんしかいない」と言われれば、答えは一つ。「分かりました、頑張ります」と即答した。

入閣報道を巡ってはこんなエピソードがある。テレビニュースで厚生労働大臣のポストについてある政治家の名前が挙がった際、厚生労働省内で「ええっ？」どよめきが起こったが、当日朝に「厚生労働大臣に根本匠氏」の速報が流れると、一転して安堵感が広がったという。

「誰もがより長く元気に活躍できる社会を実現していくため、健康寿命の延伸や多様な就労、社会参加の環境整備など、生涯現役時代に向けた雇用・社会保障改革に取り組んでまいります」

大臣就任の翌日、根本は職員への訓示でこう挨拶した。

そして一年後。根本は最後の記者会見で「厚生労働大臣の仕事は、一に知力、二に体力、三に胆力、そして忍耐力が必要だった」と言い残し、厚生労働省を去る。厚生労働大臣就任から退任までの三四五日間、根本匠は文字通り知力、体力、胆力、忍耐力の限りを尽くして厚生労働行政に取り組んだのである。

◆膨大な業務量に直面

歴代大臣の中で誰でも知っている有名人といえば、その後総理大臣まで登り詰める橋本龍太郎、小泉純一郎両元総理の名前が浮かぶ。

いずれも厚生省時代の大臣で、当時は労働行政を担当する「労働大臣」が別にいた。その後、中央省庁再編により、厚生省と労働省が統合されて巨大官庁「厚生労働省」が誕生（平成一三年一月）。厚生省の仕事と労働省の仕事を、一人の大臣が担当することになったのである。

厚生労働省は、担当するテーマが、健康、医療、年金、福祉、介護、障害者、子ども・子育て、雇用・労働、戦没者の遺族の方々への援護と多岐にわたる。連日のようにニュースが流れる児童虐待やひきこもり、自殺、セクハラ・パワハラ、女性活躍、外国人労働、検疫、麻薬の取り締まりなども厚労省が担当している。国民が政府に期待する上位五分野のうち四分野（①社会保障、②高齢社会対策、③雇用・労働問題、④少子化対策）が厚労省の所管で、内政の八割を占めているのだ。

予算規模も断トツ、国の一般会計の三分の一を占める巨大官庁であり、厚生労働省の仕事は、統合前の二倍以上に膨れ上がっている。

「厚生労働は大変そうだ」。改造前夜の根本匠の予感は的中する。大臣就任早々、「超」が付く過密スケジュールに振り回されることになるのである。

（二）いきなり強行軍

◆慌ただしく出国

一〇月二日の皇居における認証式、官邸での就任会見、夜半の初登庁を皮切りに、翌日以降、加藤勝信前大臣との事務引き継ぎ、職員を前にした就任あいさつ（大臣訓示）、事務方による膨大な所管事項の説明（大臣レク）、関係記者クラブとの会見やインタビューなど、新任大臣としての日程を根本匠は黙々とこなしていく。

大臣就任直後の週末には、「第一八回全国障害者芸術・文化祭おおいた大会」（一〇月六日開催）に出席するため大分市に出張。この大会で根本は主催者代表として挨拶し、ご臨席された皇太子ご夫妻（現天皇・皇后両陛下）と昼食のお供をする役目も果たす。

そして、大会への出席を終えた根本は、同日夜遅く福岡に移動。翌朝の第一便で羽田空港に戻り、そのまま国際線に乗り換えて今度はフィリピンに向けて旅立つ。

超過密日程はさらに続く。マニラで開催された第六九回世界保健機関（ＷＨＯ）西太平洋地域委員会（七～九日）に日本政府代表として出席、日本が擁立している西太平洋地域事務局長選挙の候補者の応援、選挙活動に奔走する。

◆選挙戦を陣頭指揮

日本政府は、ＷＨＯ西太平洋地域事務局の次期事務局長選挙に事務局次長の葛西健氏を擁立し、国際会議の場などで葛西氏支持への働きかけを行ってきた。根本匠のフィリピン出張の主たる目的は、その総仕上げである。

大分で障害者芸術・文化祭への出席から休む間もなくマニラ入りした根本は、参加国の代表者と精力的に会談し、葛西氏への支持を求めていく。

マニラ入りした日の夜に開催した日本政府主催のレセプションは、加盟国に最後のアピールを行う非常に重要な場となる。日本から応援に駆けつけた公益財団法人結核予防会の皆さんが、選挙には付き物のだるまと、日本らしさを演出する小道具として折り鶴を持参、レセプション会場に飾られてあった。

日本らしさが表れていて、舞台設定としては素晴らしい配慮だが、厚生労働省の事務方にはだるまと折り鶴を「葛西候補をアピールする小道具」として効果的に演出しようという発想がない。

目が入っていない選挙用だるまに目を入れることすら、全く考えていなかったのだ。

これは感謝と感性の問題である。「結核予防会の皆さんのご厚意を無駄にしてはいけない」

選挙はお手の物の根本の指示で、葛西氏のスピーチとだるまの目入れが、レセプションのメインセレモニーに位置づけられる。各テーブルの上に置かれた折り鶴も、各国代表者との話題づくりに絶大な効果を発揮する。

根本自身も、選挙とだるまとの切っても切れない関係や、折り鶴の持つ意味などをスピーチし、葛西氏と一緒に片方の目に「目」を入れた。このパフォーマンスは各国の代表にも大受けで、万雷の拍手に根本は「勝利」を確信する。

九日に行われた事務局長選挙は激戦の末、葛西氏が勝利を飾った。「根本大臣が各国代表に直接働きかけた功績大」といわれたが、根本自身は「鈴木医務技監を司令塔に直前まで各国に働きかけ、私と各国代表との会談も懸命にアレンジした（厚生労働省の）スタッフの尽力によるところが大きかった」と選挙戦を振り返る。

閉幕直後の記者会見。根本は葛西氏と共に、だるまのもう片方の目に勝利の目入れを行った。こうしてマニラでの日程を終えた根本は、翌日午前九時半からの閣議に出席するためマニラ発一九時の便で帰国の途に就く。マニラ滞在中、根本はホテルと会場を行き来するだけの缶詰状態に置かれ、マニラがどんな街だったのか、その記憶が全く残っていないという。

深夜（一〇日〇時一五分）の羽田に戻った根本は、早朝から閣議、記者会見、決裁など大臣としての公務をこなした後、福島県知事選に再出馬する内堀雅雄知事の出陣式（一一日）に出席するため夕刻の東北新幹線で福島に向かった。大臣就任早々、国境を越えた東奔西走の、実に慌ただしい一週間だった。

◆綱渡りの日程消化

第一九七回臨時国会（平成三〇年一〇月二四日〜一二月一〇日）が召集されると、予算委員会や厚生労働委員会などが開かれるため、ますます多忙を極める。根本匠は、委員会審議の合間を縫って、一一月二四、二五の両日に熊本市で開催される「第一一回日中韓三国保健大臣会合」にホスト国の厚生労働大臣として出席する。

熊本入りした根本は早速、中国の馬暁偉国家衛生健康委員会主任、韓国の朴凌厚《パクヌンフ》保健福祉部長官と個別に会談し相互の理解を深めるとともに、夜はＷＨＯ西太平洋事務局の葛西健次期事務局長が選んだ料亭で両氏を歓待。予定時間を超過するほどの盛り上がりだったという。

翌日の大臣会合では、根本が議長を務め、「感染症に対する備えと対応」「健康な高齢化と非感染性疾患（ＮＣＤｓ）」「ユニバーサル・ヘルス・カバレッジ（ＵＨＣ）と災害時の健康リスク・マネジメント」について議論、日中韓のより緊密な連携を確認する「共同声明」を採択して閉幕した。

会合が終わるや羽田空港にとって返し、地元経済人を中心に結成された新たな二本松後援会

(「二本松未来研」)の設立総会に出席するため地元に戻ることになるが、羽田空港に着いたのは午後三時五三分。東北新幹線「やまびこ」の出発時刻(午後四時三六分)まで約四〇分しかない。どうなることかと思ったが、根本に同行している警護官がインターネットで道路情報を調べながら比較的空いているルートを大臣車の運転手に助言。ぎりぎりのタイミングで東京駅に到着、予定していた「やまびこ」に無事乗り込むことができた。

二本松での総会後、根本はその日のうちに東京の自宅に戻り、翌朝早起きし国会へ。衆議院の予算委員会が予定されていたためで、早朝から国会内の控え室で答弁の準備に追われた。

(三) 脇を固める参与グループ

◆戦略実行部隊「匠フォース」

通算在職日数が桂太郎を抜いて歴代一位の大記録を更新中の安倍総理が、政権の座についたのは平成一八年九月。この時、根本匠は総理大臣補佐官の要職に就任する。

「根本さんには、ここに書いてあることをやっていただきたい」

安倍総理から手渡されたメモには、①経済成長戦略、②アジア・ゲートウェイ構想の策定、③社会保険庁改革の原案づくり、④安倍政権の経済政策の対外発信、の四つの特命事項が書かれてあった。どれを取っても一筋縄ではいかない案件である。

にもかかわらず、直属のスタッフはたった一人。「これじゃ仕事にならない」と、独自にスタッフを集めることにする。経済官庁の若手官僚の中から「これは」と根本が見込んだ有能な官僚を自ら指名、本人を直接口説いて主要メンバーに抜擢したのである。こうして総勢一二名の官僚らが根本のもとに結集、政策の企画立案・遂行を補佐するタスクフォース「チーム根本」が発足する。

根本は、自ら陣頭指揮を執り、この「チーム根本」を徹底的に動かすことで、羽田空港の国際化に風穴を開け、困難視されてきた空港路線の自由化（アジア・オープンスカイ）を実現。海外から「鎖国体制」と揶揄されてきた貿易システムを改革し、日本をアジアの金融センターとすべく奔走、「クールジャパン」の原点である日本文化の一大輸出戦略をもとりまとめ、アジア・ゲートウェイ構想を実のあるものにする。そして、これらの成果は、第二次安倍内閣の「アベノミクス」に受け継がれていく。

いずれも難しいテーマだったが、中でも霞が関の官僚の猛烈な抵抗に遭い最も苦戦したのが、アジア・ゲートウェイ構想の中核となる羽田空港の国際化とアジア・オープンスカイだ。詳細は、根本の自著『真の政治主導　復興大臣６１７日』（中央公論事業出版）に譲るが、国土交通省との大激論の末、国際化を阻んでいた運航規制（パリメータ規制）を撤廃させることに成功。事前に合意が得られていた夜間発着の枠を使い、欧州便を含むチャーター便を積極的に活用することにした。第四滑走路が完成する二〇一〇年以降は、拡大される発着枠一一万回のうち六万回（深夜・早朝三万回、昼間三万回）を国際便に割り当てることを決定。羽田の国際化は、第一次安倍内閣の大きな成果となった。

総理大臣補佐官時代に大活躍したタスクフォース方式を、根本は復興大臣の時代にも積極的に活用した。復興大臣をトップとし、関係省庁の局長クラスが集うタスクフォースを「住宅再建・復興まちづくり」などテーマごとに設置。復興大臣が、各省庁の局長を直接動かすことを考える。こうした大臣による省庁横断のトップダウン方式政治主導が有効に機能、東日本大震災からの復興の加速化に大きな成果を上げたことは言うまでもない。

因みに、タスクフォースは「作業チーム」「特別作業班」などと和訳されているが、もともとは緊急性の高い特定の課題に取り組むために設置される特別チームのことを指す軍事用語である。根本のイメージからすれば「戦略実行部隊」という言い方がしっくりくる。自身のタスクフォースなので、「匠フォース」という呼称も根本は好んで使い、永田町や霞が関では有名な存在となっている。

◆五名の政策参与

根本匠が陣頭指揮を執る厚生労働行政には、人生一〇〇年時代を見据えた社会保障改革や生涯現役時代の雇用改革など、経済財政諮問会議や未来投資会議など政府全体で議論しなければならない重要課題が山積している。

こうした課題に取り組むには、民間の視点で助言してくれるメンバーも加え、政策の企画立案や広報戦略などを補佐する体制を強化する必要があると判断、大臣直属のブレーンとして活動する人材を外部から積極的に登用することにした。

まず就任直後に、ジャーナリストの大平宗と東大教授の坂田一郎を政策参与に任命。大平には広報戦略や危機管理、特命事項などに関する助言、坂田には重要政策の企画立案などを担当させることとし、若手官僚の頃から政策議論の相手を務めてきた厚生労働省OBの武田俊彦（元医政局長）と、やはり厚生労働省OBで労働行政に精通している岡崎淳一（元厚生労働審議官）の二名も政策参与に任命した。

さらに、障害などを持つ人が農業分野で活躍することを通じ、自信や生きがいを持って社会参画を実施していく取り組みである「農福連携」や、農産品の輸出拡大戦略を進めていく上で、農林水産行政に精通している専門家として元農林水産事務次官の皆川芳嗣（日本農福連携協会会長）を新たに政策参与に任命。総勢五名の政策参与が厚生労働大臣根本匠の「匠フォース」として活躍することになる。

根本が正式に任命したブレーンは、この五名の政策参与だけだが、実はもう一人、「隠れたアドバイザー」とも言うべき人物がいた。元厚生労働審議官の太田俊明氏（産業雇用安定センター理事長）だ。根本とは学生時代からの友人で、何でも話し合える間柄である。

旧労働省出身の太田氏は、退官後も労働行政をライフワークとして丹念に勉強しており、根本によると「彼に意見を求めると、いつもクリアな答えが返ってくる」。やはり持つべきものは友である。

二 懸案山積「最初の一〇〇日間」

厚生労働省は、その業務が「内政の八割」に絡む巨大官庁である。平坦に見えていても、どこに〝地雷〟が潜んでいるか分からない。無傷のまま役所を去った厚生労働大臣は、皆無と言っていいだろう。

米国では、大統領就任からの「一〇〇日間（first 100 days）」を〝ハネムーン期間〟としてメディアも野党も政権批判を自粛する期間がある。

しかし厚生労働大臣には、メディアも野党も最初から容赦なく攻めてくる。根本匠の「最初の一〇〇日間」も、水道法改正や障害者雇用問題、外国人受け入れ問題、妊婦加算問題、風しん対策、医学部入学定員枠問題などの懸案を、メディアの批判や野党の追及をかいくぐりながら次々と処理、「厚生労働大臣として使命感と責任感をもってこれらの課題に取り組み、スピード感をもって決断し対処してきた」という。

（一）四〇年ぶりの水道法大改正

◆就任後初の法案審議

疲弊した水道事業の経営基盤を強化するための「水道法の一部を改正する法律案」（水道法改正案）は、平成三〇年の第一九六回通常国会（一月二二日〜六月二〇日）において衆議院で可決されたものの、参議院で継続審議となり、同年秋の第一九七回臨時国会では政府・与党として是が非でも成立を図りたい重要法案となっていた。厚生労働大臣に就任した根本匠が、最初に携わった法案審議がこの水道法改正である。

水道については、老朽化した施設の更新や耐震化が遅れ、漏水事故や断水のリスクが高まっている一方で、人口減少社会を迎えて水道を経営する水道事業者（主に市町村）の財政状況が悪化し、特に小規模で経営基盤の脆弱な水道事業者が水道サービスを継続できないおそれが生じるなど、深刻な課題に直面している。

今回の水道法改正は、こうした課題を克服し、将来にわたって安全な水を安定的に供給できるようにするのが狙いだ。具体的には、①スケールメリットを活かした効率的な事業運営を可能とする「広域連携の推進」、②施設の更新や耐震化を進める基礎となる「適切な資産管理の推進」、③民間の技術力や経営のノウハウを活用した「多様な官民連携の推進」――の三本柱により、重要なライフラインである水道の基盤強化・強靭化を実現しようというものである。

水道法改正は平成一三年以来だが、経営基盤の強化を明確化する目的規定の改正を含めた本格的な改正は、昭和五二年以来であり、実に四〇年ぶりの大改正となる。水道法の大改正は、水道関係者にとって長年の悲願だった。

この大改正の成立を託された根本は、厚生省時代に政務次官を務めるなど、長く社会保障に関わっており、公共事業も得意分野の一つである。根本は、その知識と経験を活用して、参議院厚生労働委員会における法案審議をリードする。

◆水道民営化?――「コンセッション方式」で激論

参議院厚生労働委員会における法案審議は三日間、審議時間は一三時間に及び、衆議院の審議時間(七・四五時間)を大幅に上回った。

水道法改正案の最大の焦点は、官民連携の選択肢の一つ、PFI(民間資金を活用した社会資本整備)の一類型である「コンセッション方式」の是非だ。水道施設の所有権を自治体が所有したまま、民間事業者に水道事業の運営を委ねるこの方式を巡って、答弁に立つ根本匠と法案に反対の立場をとる野党の激論が展開された。

野党は、初日の六時間質疑から「水道法改正法案は水道を民営化するものだ」などと批判。「民間事業者が運営することで安定的な水道の供給が維持できなくなる」と法案の撤回を迫った。対する根本は、以下のように野党に隙を見せぬよう丁寧な答弁に努めた。

「そもそも、民主党政権下のPFI法改正（平成二三年）によりコンセッション方式が創設された当初から市町村が水道事業者としての認可を返上すれば実施可能である」

「今回の水道法改正は、事業の確実かつ安定的な運営のために公の関与を強化し、給水責任は自治体に残した上で、厚生労働大臣の許可を受けてコンセッション方式を実施可能にしたものであり、現行制度に比べていわば規制を強化したものである」

コンセッション方式に関する制度改正の背景には、水道の基盤強化に向けて、その選択肢の一つとして官民連携を検討する宮城県など地方自治体の要請がある。宮城県では、村井嘉浩知事の強力なリーダーシップの下、官民連携の推進の一環として、水道に加え下水道、工業用水のいわゆる上工下一体となったコンセッション方式の導入により、業務効率化を通じ、料金上昇の抑制や経営の安定化を目指していた。ちなみに村井知事は、根本が安倍内閣の初代復興大臣時代、ともに復興に取り組んだ盟友でもある。

このようにコンセッション方式は、あくまで「官民連携の選択肢の一つ」であり、住民サービスの向上や業務効率を図る上でメリットがある場合に、地方自治体の議決を経て、その判断により導入されるものである。その点を度外視して追及する野党議員に対し、根本はコンセッション方式が「官民連携の選択肢の一つ」であることを繰り返し、かつ粘り強く説明した。

参議院厚生労働委員会における初日の質疑で特に緊迫した場面が、ある野党議員とのやりとりだった。野党議員は、「コンセッション方式を導入した場合、水道施設に抵当権が設定され、ハゲタカファンドなどに売却される恐れがある」と指摘、事実関係を確認するため審議が一時中断し、委員会室に緊迫した空気が流れた。

この日は、うまく追及をかわし事なきを得たが、引き続き追及を受けるおそれがある。委員会審議を終え大臣室に戻った根本は直ちに事務方に事実関係を急ぎ整理するよう指示する。

これを受け担当課長や法令担当課長補佐、法務省から出向している参事官を筆頭とする法務チームが一緒になって法律面の整理を行い、根本自身もこの輪に加わった。こうした局面で大臣が事務方の協議に参加することは、極めて異例だが、このことが作業を加速する。

「PFI法上運営権を移転する場合には地方自治体の許可が必要であり、さらにあらかじめ厚生労働大臣への協議が必要である」。導き出した結論はこうだった。その後根本は、この線に沿って答弁を行い、局面を打開する。まさに厚労省一丸となっての対応だった。

厚生労働委員会審議の二日目と三日目は参考人質疑が行われ、海外での再公営化事例を十分検証したのかが論点となった。野党は、コンセッション方式を導入した海外事例において再公営化された事例があることを取り上げ、「パリなど三事例しか確認していない」と指摘、検証が不十分だと集中的に攻め立てた。

ここで挑発に乗れば、野党の思うつぼである。根本は、野党に追及の材料を与えないよう慎重かつ丁寧な答弁に努め、審議終盤に差しかかる頃には、答弁資料に頼ることなく自らの言葉で答弁。野党の無理難題や誤解・曲解にも冷静に切り返していった。

たとえば、パリの再公営化など海外の事例を調査した報告書から、その課題を①管理運用レベルの低下、②水道料金の高騰、③民間事業者に対する監査・モニタリング体制の不備、という三点の本質的課題に整理した上で、それらの教訓を踏まえて十分対応できる制度設計を行っていることを答弁。調査した都市の数が問題ではないことを、噛んで含めるように説明した。

参議院の厚生労働委員会における質疑は、前述したように一三時間に及び、一二月五日の参議院本会議でようやく採択された。前国会で継続審議扱いとなっていた水道法改正法案は同日、衆議院に送付され、衆議院厚生労働委員会において一般質疑を経て可決。翌六日の衆議院本会議で可決、成立する。

参議院における最後の質疑では、マスコミの関心の高さを反映するかのように五台のカメラが並んだ。水道法改正法案は、入国管理法改正と共に第一九七回臨時国会における最重要法案となった。

◆予算も大幅増　関係者の悲願叶う

改正水道法が成立した後も、法案審議で野党が繰り広げた「コンセッション方式の問題点」が連日のようにテレビの情報系番組や新聞で取り上げられ、市町村の水道担当部局では野党の誤った主張を鵜呑みにした視聴者や読者からの電話が鳴り止まないなど、国民の間に水道法改正への不安の声が広がった。

こうした世論の動向を敏感に感じ取った根本匠は、直ちに事務方に対し、ホームページなどでの〝分かりやすい情報発信〟を指示する。国民目線での政治を目指す根本。文案についても、事務方任せにせずに、一字一句徹底して自らの言葉で水道法改正の狙いを加筆修正していく。この丁寧な説明により、国民の法案に対する理解が浸透していくことになる。

ところで、水道行政にとって法改正と同じく極めて重要だったのが、水道の施設整備・耐震化のための予算の確保である。水道に関する予算は、民主党政権下において事業仕分けなどを通じ大幅に削減され、水道事業を経営する水道事業者の要望額に全く応えられない水準に甘んじていた。その後、自民党が政権に復帰し、予算規模は戻りつつあったが、自治体からの要望に応えるのに十分とはいえない。

そこで根本は、西日本豪雨や台風二一号、北海道胆振《いぶり》東部地震などを受けて政府全体で策定した「防災・減災、国土強靭化のための三カ年緊急対策」を踏まえつつ、年末の予算編成過程において財政当局に粘り強く働きかけ、前年度当初比約一七四％の充実した予算を確保した。

根本は、法律と予算の両輪で水道の基盤強化を図ることを可能にした。水道関係者の悲願が叶った瞬間である。

「水道民営化」という事実と異なる報道が巷に溢れ、国会では野党の「民営化反対」大合唱。参議院厚生労働委員会の法案審議は、大荒れの展開となったが、ぶれずに「水道の基盤強化」という法改正の本質を丁寧に説き続けた根本。間近で仕えていた水道課の課長補佐の眼には「社会課題の本質を摑み、解決策を丁寧に国民に伝える真摯な姿勢」と映った。

(二) 障害者雇用問題で矢面に

◆野党の集中砲火浴びる

平成三〇年八月。国の行政機関の多くで、障害者雇用者数を不適切に計上し、実際には障害者の法定雇用率を満たしていないことが発覚した。根本匠が厚生労働大臣に就任する前のことで、二・五%と言われていた障害者雇用率は実際には一・二%、法定雇用者数に不足する障害者数は三、五〇〇人にも及ぶという衝撃的な事実が明らかになったのである。

「何故、各省庁で不適切計上が行われてきたのか」が問われ、障害者雇用制度を所管する立場の厚生労働省も「各省庁に適切に指示し、支援を行ったのか」が問われた(厚生労働省自体は、軽微な計上ミスを除き「不適切計上」は行っていなかった)。

事態を重視した厚生労働省は九月七日、元福岡高検検事長の松井巖弁護士をトップに弁護士ら有識者から成る検証委員会を設置、第三者の立場からの検証に着手した。根本が大臣に着任したのはこの問題の渦中である。

検証委員会の報告書は一〇月二二日に公表され、国の行政機関による杜撰な計上と障害者雇用制度の理念に対する意識の低さを断じられ、「厚生労働省(職業安定局)の問題と各行政機関側の問題があいまって、大規模な不適切計上が長年にわたって継続するに至ったものと言わざるを得ない」と厳しい指摘を受ける。

これを受け、根本が副議長を務める「公務部門における障害者雇用に関する関係閣僚会議」が一〇月二三日に「公務部門における障害者雇用に関する基本方針」をとりまとめ、法定雇用率の速やかな達成と障害者の活躍の場の拡大に政府一体となって取り組む方針を打ち出した。平成三一年末までに約四、〇〇〇人の障害者を中央省庁で採用するとの目標も掲げた。

しかし、その直後に召集された臨時国会では、連日のように野党が政府を追及した。

「障害者である職員数の計上に『意図的』な水増しがあったのではないか」

「視力が弱いだけでなぜ障害者に該当すると考えたのか」

「死亡した職員をカウントしていたのはなぜか」

「糖尿病や喘息や鬱病も、みんな内部障害者にされているが、これはルールを知らないといった以前の問題。結局は、障害があっても働きたいという人たちの雇用の機会を奪っていたのではないか」

これまでの各府省の雇用実態に関する質問だけでなく、「障害当事者が参加していない検証では不十分」など検証委員会に関する質問や、「来年末までに約四、〇〇〇人もの障害者を採用することができるのか」、「仮に採用できても数合わせになりかねない。雇用の質を確保できるのか」といった実務的な質問にも及び、執拗に追及した。

しかも、これらの質問が障害者雇用制度の所管官庁である厚生労働大臣、つまり根本に集中する。不適切計上を行っていた省庁の副大臣も答弁に立つが、野党の追及の矛先は圧倒的に厚労大臣に向けられる。

矢面に立つ根本は、「検証委員会は可能な限り実態把握を行い、事案の原因を明らかにし、十分にその役割を果たした」、「約四、〇〇〇人の障害者を平成三一年末までに採用することは容易なことではなく、相当な困難を伴う面もあるが、まずは関係法令に沿って取り組みを開始し、進捗状況や課題について関係閣僚会議等でフォローアップしながら、政府一体となって取り組む」などと政府の対応を丁寧に答弁した。

◆雇用促進へ推進本部立ち上げ

平成三〇年一一月一二日。厚生労働省は、全省あげて障害者雇用を促進するため、大臣をトップとする「厚生労働省障害者雇用推進本部」を立ち上げ、①年度内に初回の公募・選考採用を実施する、②非常勤職員として全国で活躍している障害のある職員の場合は職務実績を評価して常勤採用につなげる「ステップアップ」の取り組みを行う――ことなどを盛り込んだ「厚生労働省における障害者雇用のさらなる推進に向けた取り組み」を決定した。障害者雇用制度を所管する厚生労働省は、国の行政機関全体の障害者雇用を主導する立場でもある。厚生労働省自ら、具体的かつ前向きに取り組む必要がある。

この日根本匠は、省内で働く障害者の実情を自分自身で確かめるため現場に足を運び、視覚障害がある職員が日頃使っている支援機器や職場環境を視察すると共に、障害のある職員の仕事への思いに直接耳を傾けた。

根本は、職員の思いに力強さを感じ、感銘を受けた。と同時に、職場で障害者が働く上でのポイントとなる点はどこなのか、やりがいのある仕事や仕事への意欲を引き出すために必要な施策は何かを整理することができた。「現場第一主義」は、政治家としての根本の原点である。

この日の経験は、後に国会の法案審議での答弁にも大いに活かされることになる。

現場主義といえば、根本の地元郡山市には「あさかホスピタル」という全国的にも有名な精神科病院がある。関連法人で地域生活支援、就労支援も行っており、グループ全体で障害者支援を広く展開している。

臨時国会が閉会した後の平成三〇年一二月、根本は同グループが就労支援を行っている事業所を視察した。ここでは、能力に併せた様々な仕事やステップアップしていく段階が用意されている。障害のある利用者がそれぞれ挑戦しながら働いている様子を見て、根本は、能力を生かして働くこと、少しでもレベルアップしようとチャレンジすることの尊さを実感する。こうしたことも、後の国会審議で活かされていく。

（三） 臨時国会の焦点に――外国人受け入れ問題

◆所管はどっち？

開発途上地域との技術協力や国際貢献を目的に、農林漁業や建設などの労働現場において外国人労働者を実習生として受け入れる「外国人技能実習制度」は、出入国管理法（入管法）に基づき平成五年に創設された。しかし、賃金未払い問題や失踪問題など様々な問題が噴出。このため、技能実習の適正な実施と技能実習生の保護を図ることを目的とする「外国人の技能実習の適正な実施及び技能実習生の保護に関する法律」（技能実習適正化法）が平成二九年一一月に施行され、新たに外国人技能実習機構を設置するなど管理監督体制の強化が図られた。

このような背景の下、政府は人手不足対策として新たな外国人受入制度の検討に着手、平成三〇年秋の第一九七回臨時国会では制度の是非が最大の焦点となる。野党側は、過去のデータに基づいて新たな外国人受入制度を創設するのであれば、問題のある技能実習制度を廃止すべきではないかと追及。これに対し政府側は、「（平成二九年一一月に施行された）技能実習適正化法により、技能実習制度に関する管理監督体制を強化している。まずは施行状況をしっかりと把握、分析した上で対応すべきである」と反論した。

技能実習適正化法は、法務省と厚生労働省の共管である。根本匠は、国会での質疑を前に「法律が共管ならば、それぞれ担当する条文があるはず。どの条文がどちらの所管となるのか」と担当者に問い質すが、「両省間で役割分担は明確になっていない」と要領を得ない。一般的な法律論でいえば、共管の法律であっても、条文ごとに主務大臣が決まるはず。そうでなければ、政府内における責任の所在が不明確になるからだ。

「それぞれが所管する条文を明確にして国会に臨まないと危ないぞ」。こういう時の根本の勘は当たる。

国会の論戦では、入国管理局が聞き取った外国人技能実習生の失踪者約二、九〇〇名の聴取票への対応が大々的に取り上げられた。野党の主張は、劣悪な労働環境の実態が明らかになるように「聴取票を公表すべき」ということである。これに対し政府は、プライバシーへの配慮からコピーを禁止した上で聴取票を開示、野党議員が手分けして聴取票を書き写す一幕があった。

失踪した技能実習生の実態はまずは法務省が徹底した調査を行うべきものである。厚生労働省は、入国管理局から労働基準監督署に通報があった場合に、しっかりと監督指導を行う。これが、根本の指示に対応し、両省の間で整理した役割分担である。

◆役割分担が明確に

この役割分担が論戦で生きてくる。ある野党議員は、中国出身の技能実習生を傍聴席に呼び、厚さ数十センチにもおよぶ聴取票の写しを直接根本匠に手渡した。役割分担をしっかりと整理していた根本からみると、こうした野党議員の行動は、法律の〝建て付け〟と異なるただのパフォーマンスでしかないが、聴取票を即座に突き返すような大人げない行動は取らなかった。

野党議員は、さらに厚生労働省に対し、「入国管理局からの通報を待つのではなく、労働基準監督署が積極的に実態把握をすべき」との主張も展開。これも、両省の役割分担を踏まえない、筋違いの主張である。

仮に、根本の指示がなく両省の役割分担が整理されてなかったとしたら、はたしてどうなったか。

「厚生労働省としては、入国管理局から労働基準監督署に通報があった事案は、全数に対して監督指導を行い、法令違反が認められる場合には、是正を徹底して行う」

このことをぶれることなく答弁する根本に、厚生労働省の事務方は胸をなで下ろした。

新たな外国人受入制度の創設を盛り込んだ「出入国管理及び難民認定法及び法務省設置法の一部を改正する法律」は、平成三〇年一二月八日の参議院本会議で可決、成立。同月一四日に公布された。

この制度では、法務省において、受入機関や登録支援機関に対し相談、苦情対応など各種支援を義務付けるとともに、出入国在留管理庁による指導・助言・立入検査・改善命令の実施などが盛り込まれた。

また、厚生労働省でも、出入国在留管理庁と相互通報制度の運用など緊密な連携を図りつつ、労働基準監督署やハローワークにおいて適正な労働条件の確保と雇用管理の改善を図っていくことなった。

この改正は、外国人材の適正・円滑な受け入れの促進に向けた取り組みとともに、外国人との共生社会の実現に向けた環境整備を推進する一歩となったのである。

（四）攻めて守る

◆風しん対策で先手

「攻めて守る」

強い逆風が吹きつけていても、あえて打って出ることで局面を打開する。これは、根本匠の政治家としての信条だ。厚生労働大臣時代、幾つかの場面においてその根本の政治信条が発揮されている。風しん対策もその一つである。

風しん患者の数は平成二九年の九一人から三〇年には二、九四六人と急増、新たな流行期に入った。特に三〇年の年末にかけて増加のピッチは凄まじく、妊婦の方々を中心に不安が広がっていた。

その時点で三九歳から五六歳の世代の男性は風しんの抗体を持っていない人が多く、こうした男性が予防接種を受け抗体を持てば、感染の広がりを抑えることが可能になる。厚生労働省は、平成三一年度予算案に必要な予算を計上すべく、財務省との間で風しんの抗体検査と予防接種の無償実施について調整を続けていた。根本は、予算案の決定を待つことなく、風しんに関する対策を発表することを決断、三〇年一二月一一日に風しんに関する追加的な対策の骨子案を公表したのである。

官僚の発想では、「予算案決定に合わせて公表」が通例だが、あえて〝先出し〟することで、国民の不安の解消に努めようとしたのである。

◆「妊婦加算」凍結を決断

「妊婦加算」は、妊婦の方に対し通常よりも丁寧な診療を評価する観点から、平成三〇年度診療報酬改定で新設された。かかりつけ医が妊婦の診察を避けるなどの課題があったことから、妊婦への診療体制を確保するために設けられたものである。

ところが、この妊婦加算を巡って、「普段と変わらない診察」を受けた妊婦が、会計の際に妊婦加算請求されたことへの不満をツイッターでつぶやいたことをきっかけに、批判の輪が広がっていく。加算の名称など〝建て付け〟がやや慎重さを欠き、運用も明確でなかったことが一因だったが、平成三〇年秋の第一九七回臨時国会で取り上げられ、与党内からも見直しの声が上がった。制度を所管する厚生労働省の対応に注目が集まる中、根本匠は、中途半端に見直しを行うのではなく「妊婦加算をいったん凍結する」ことを決断。担当局長に日本医師会との調整を急ぐよう指示した。

そして一二月一四日の記者会見で、根本は「少し長くなりますが、大事な話なのでお聞きいただきたいと思います」と述べ、会見直前まで自ら手を入れた「大臣見解」を表明する。

＊　＊　＊

妊婦加算について、厚生労働大臣として、改めてこの加算の趣旨に立ち返り、医療保険制度や診療報酬体系の中での妊婦加算の在り方について考えてみました。少し長くなりますが、大事な話なのでお聞きいただきたいと思います。

妊婦の方が安心して子どもを産み・育てられる社会を築いていくことは、極めて重要であると考えています。このため、これまで妊婦の方への支援として、年金保険料の免除、妊産婦健診への助成を行うなど負担の軽減を行うほか、「子育て世代包括支援センター」の設置を進めています。

このような中で、妊婦の方の外来診療については、胎児への影響に配慮した薬剤の選択が必要である、エックス線やＣＴの撮影が困難な場合があるなど、通常よりも慎重な対応や胎児への配慮が必要ですが、中にはこうした診療に積極的でない医療機関も存在しておりました。たとえば、熱を出して内科を受診した妊婦の方が、産婦人科を受診するよう勧められたことや、処方された薬が安全か否かを確認するため、産婦人科の主治医の受診を促されたといった事例です。妊婦加算は、こうした問題や、日本産科婦人科学会などからの要望を踏まえ、通常よりも丁寧な診療を評価する観点から、平成三〇年度診療報酬改定において新設したものです。これにより、妊婦の方の診療に積極的な医療機関を増やし、妊婦の方がより一層安心して医療を受けられる体制の構築につながることを期待しておりました。

しかしながら、この妊婦加算については、十分な説明がないまま、妊婦加算が行われている、コンタクトレンズの処方など妊婦と関係ない場合であっても、妊婦加算が適用されているといった運用上の問題が指摘されました。さらに、加算そのものの在り方についても、結果的に妊婦であることによって自己負担が増えることになり、少子化対策に逆行するのではないかなど、様々な指摘があり、このたび与党からも、見直しに関するご意見をいただきました。妊婦の方がより一層安心して医療を受けられるようにするという、妊婦加算が目指すものは依然として重要だと考えています。

しかしながら、それを実現する手段として、妊婦加算という仕組みが適当であったかどうか、改めて考えてみる必要がある、と考えるに至りました。たとえば、妊婦であるというだけで一律に自己負担が増えるかのような仕組みが適当なのか、運用を厳格化するだけで国民の理解が得られるか、改めて議論が必要です。妊婦の方への丁寧な診療を診療報酬で評価する場合、どうしても妊婦の方の自己負担が増えることになります。ご納得いただくためには、通常よりも丁寧な診療が妊婦の方に見えて、実感できる仕組みとしていくことが必要になるということではないかと考えます。また、「妊婦加算」といった名前についても、再考する必要があるのではないかと考えます。あくまでも私の個人的な思いですが、たとえば、「妊婦〝安心〟加算」あるいは「妊婦〝安心〟〝診療〟加算」といった名称も考えられるのではないでしょうか。

以上を踏まえ、妊婦の方への診療に熱心に携わっていただいている医療関係者のみなさまには申し訳ありませんが、妊婦加算については、いったん凍結することとし、妊婦の方に対する診療の在り方について、有識者も含めてご議論いただいた上で、妊婦加算の在り方について、改めて中央社会保険医療協議会で議論してもらうこととしたいと考えております。

妊婦の方が安心して子どもを産み、育てられる社会を築くために、安心な医療を納得して受けられる仕組みとなるよう、厚生労働省として全力で取り組んでまいります。

＊＊＊

この大臣見解が示されたことで「妊婦加算」への批判が一段落し、「妊婦に対する診療の在り方」という本質的な議論が始まる。根本の「攻めて守る」姿勢が現れた一例である。

◆医学部定員問題に断を下す

平成三〇年一二月一四日。文部科学省は、複数の大学医学部の不適切入試問題を受け、医学部医学科を設置している全国の八一大学を対象に実施した調査結果の最終報告書を公表する。

この問題の直接の担当は文部科学省だが、厚生労働省も医師需給の観点から大きく関わる。医学部の定員は既に決められているので、得点調整によって不合格となった学生を追加合格させるのであれば、その年度の受験生の合格者数を削減せざるを得ない。大幅削減を余儀なくされる大学が出てくる可能性もある。

しかし、これではこの問題に全く関わりのない受験生には不公平であり、大きな不安を与えかねない。暮れも押し詰まった一二月二一日、厚生労働省は医師の需給の観点で医学部定員の扱いについて文部科学省から相談を受ける。募集定員の変動は受験生の人生を大きく左右しかねない問題であり、年内に結論を出す必要があるため時間的に切迫する中、文部科学省、厚生労働省と二つの省庁が関係する問題は、それぞれの省庁の建前論が単純に組み合わされ、即時大幅削減の線で話が進んでいた。大臣室にこの案が持ち込まれた時、根本匠は、この案は受験生の観点が欠けていると問題の本質を見抜き、このままでは問題になりかねないと考える。既に受験生や親御さんの間では動揺が広がり始めていた。

「現在の受験生に不公平にならないようにすること、そして不安を与えないこと。そのためにどうするか。定員超過は、時間をかけて調整すれば医師需給に影響しないはずだ」

話を上げてきた事務方に、根本が厚生労働大臣としての判断を示し、文部科学省との再調整を指示した。単年度ではなく時間をかけて調整していけば、各年の影響が緩和され、追加合格の学生が少なくなればさらに緩和される。「学生の人生」と「医師需給」のいずれにも配慮した政治決断である。

担当部局は、ただちに根本の指示に沿った調整案づくりに着手。事務方の案に根本が最後まで筆を入れ、完成した調整案が文科省に示された。

そして一二月二五日の閣議後の記者会見において、厚労大臣と文科大臣が、追加合格を出すことで「特例的に、一時的な定員超過を認めたとしても、二〇二〇年度以降に一定の期限を設けて需給調整を行うことを認める」という同じ内容を記者発表する。根本の迅速な政治決断が、状況を大きく展開させ、問題を未然に防いだのである。

年明けに文科省の担当局長が根本に面会を申し入れてきた。根本の政治決断に礼を述べるために、大臣室を訪れた局長は深々と頭を下げた。

三　苛烈を極めた通常国会

◆年末・年始も〝勉強〟

新たなテーマに取り組む際、根本匠はその分野について集中的に勉強する。三年三か月の浪人時代を経て中央政界に復帰、復興大臣を拝命した時にも、自民党の金融調査会長に就任した時も書物や論文等の文献を猛烈な勢いで読みあさり、担当の官僚やその分野の専門家と真っ向から議論できるだけの専門的な知識と見識を瞬く間に身につけた。

根本にとって、社会保障は得意分野の一つである。医療、介護、年金への造詣は深いが、担当大臣ともなれば話は別だ。

「厚生労働大臣が担当する分野の本質を見抜く力が錆びついてはいやしないか」

根本は、平成三一年一月に召集される第一九八回通常国会における野党との論戦に備え、年末・年始の正月休みをそのための勉強時間に充てることにした。

参考になりそうな論文はないか、と文献を探しているうちに、社会保障のスペシャリストとして知られる権丈善一《けんじょうよしかず》慶應義塾大学教授のことを思い出し、権丈氏の著書五冊を買い求めることにした。

権丈氏と初めて会ったのは、根本が厚生政務次官の時。二〇年も前のことで、知り合いの新聞記者から「会ってみませんか」と誘われて会食、気鋭の経済学者の熱っぽい語り口調が未だに耳に残る。後日、権丈氏から五冊の著書が届き、どれも読み応えがあり、力作だったことをはっきりと記憶している。

偶然にも根本が、正月休みに読もうと買い求めた権丈氏の近著も五冊。専門書五冊を六日間の休みの間に読破するのは骨が折れる。根本は、「毎日八時間」のノルマを自身に課して権丈氏の著書を集中的に読み込んだ。

政府の社会保障国民会議の委員として報告書の執筆陣に加わり、「医療・介護分野」を起草した権丈氏の著作を読破した成果は、その後、通常国会での論戦などで大いに役に立つことになる。

余談だが、平成三〇年の暮れに根本の初孫（男児）が誕生している。産後しばらくの間、母親（長男の妻）とともに根本家に滞在、根本が帰宅する頃には寝ついているが、「（孫の）寝顔を見るだけで癒やされた」という。

初孫の存在は、激務で疲れた根本にとって最良の〝疲労回復剤〟となった。

◆夜明け前からFAXフル稼働

厚生労働大臣に就任直後、根本匠の自宅に業務用ファクシミリが運び込まれた。「国会答弁などの資料を受信するために」と、厚生労働省が設置したもので、委員会審議がある日は、夜も明けやらぬ時刻（午前四時頃）から受信し始める。

委員会審議が行われる日、根本は通常は午前六時前後に、早い時には午前五時に登庁する。冬だと、暗く寒い中、自宅を出て大臣車に乗り込み、大臣室に入ったあたりから東の空が少しずつ明るくなっていく。

根本が席に着くと、テーマごとに担当者が呼び込まれ、根本夫人お手製のお握りを頬張りながら、事務方を相手に五〇問から一〇〇問の想定問答について内容を逐一チェックしていく。答弁内容が十分でなく、修正が必要なものについては、政治家の視点で答弁案の書き直しを具体的に指示する。

就任直後の第一九七回臨時国会と、統計問題が焦点となった第一九八回通常国会。この二つの国会において、厚生労働省の事務方が衆参の本会議や予算委員会、厚生労働委員会などでの大臣答弁のために準備した想定問答の数は、臨時国会が五三九本、通常国会が三、一一三本。合計三、六五二本もの答弁案をしっかりと頭の中に叩き込んで野党との論戦に臨んだのである。

特に通常国会は、統計問題を巡って冒頭から野党議員と激しい論戦を展開、予算委員会などの委員会審議は苛烈を極めた。

審議時間は、長い時で午前九時～一二時、午後一時～五時の合計七時間に上り、昼食の時間が取れず大臣車の中でコンビニの稲荷寿司を急ぎ搔き込むなど、一日中委員会審議に拘束される日も多かった。前半のヤマ場となった二月中の審議状況を見ると、大臣としての国会滞在時間は、実に一一七時間にも及んだ。

この通常国会で事務方が用意した想定問答の数は、前述したように三、一一三本。答弁の準備作業（答弁レク）に費やした時間は一九六時間、質疑対応のために国会滞在していた時間は四四一時間にも達した。

余談だが、根本が朝の打ち合わせの際に食べていたお握りや稲荷寿司は、最初の頃は大臣室のスタッフがコンビニで買い求めたものだった。「賞味期限が切れかかっている食品を大臣に食べさせるわけにはいかない」と、スタッフが手分けして未明のコンビニを探し歩き、根本が打ち合わせの席に着く時は、スタッフが買い求めたお握りや稲荷寿司がテーブルの上に置かれているのだ。

大臣室のスタッフの苦労話を耳にした根本が、帰宅後、夫人にこの話をすると、「それなら私がつくるわ」。翌朝から打ち合わせのテーブルに置かれるお握りは夫人お手製のものに差し替わった。

◆「不信任」撥ねつけ〝スーパー大臣〟に

根本匠にとって、この通常国会の最大のヤマ場は平成三一年三月一日の参議院本会議における、厚生労働大臣に対する不信任決議案の採決だった。自身に対する不信任決議は当然のことながら初めてのことで、根本はやや緊張した面持ちで席に着いた。

「厚生労働大臣根本匠君が、これ以上大臣の職に留まることが許されないのは、火を見るよりも明らかであり、根本君は一刻も早く厚生労働大臣の職を辞すべきである」

しかし、統計問題への対応を巡り立憲民主など野党六党・会派が提出していた根本厚労大臣の不信任決議案は、採決の結果、自民党や公明党等の反対多数により否決された。

野党勢が不信任の理由として挙げた「毎月勤労統計」を巡る不適切な処理への対応は、根本よりも前の、しかも民主党政権時代も含め歴代の厚生労働大臣が行ってこなかったものである。不信任決議案の否決は、根本にとって当然の帰結である。

不信任決議案は、いったん否決されると会期中は再提出できなくなるので、「（霞が関では）決議案を撥ねつけた大臣は〝スーパー大臣〟と呼ばれています」と、根本の耳元で厚生労働省の幹部が囁く。麻生太郎副総理兼財務大臣からは「政治家は、不信任決議案を出されたら一人前だ」と麻生氏らしい〝励まし〟の声がかかった。

◆幾つもの内閣重要法案を成立させる

根本匠は、厚生労働大臣として第一九七回臨時国会、第一九八回通常国会と二つの国会で答弁に立ち、内閣提出法案としては、臨時国会で一法案、通常国会では四法案の成立にこぎつけた。

このうち統計問題が焦点となった通常国会では、野党勢が開幕前から徹底追及の構えをみせている上に、参議院選が予定されているため会期の延長が難しい。そこで厚生労働省は、提出法案を五本に絞り込んで法案審議に備えることにした。

法案は、五本とも衆議院から審議開始となり、衆議院の厚生労働委員会が動き出したのは平成三一年三月八日。審議は比較的順調に進んだが、参議院厚生労働委員会の審議開始は四月下旬にずれ込む。そのせいで窮屈な日程になったが、会期末ぎりぎりまでの審議の末、四法案の成立にこぎつけた（医薬品医療機器法改正案だけが採決に至らず、衆院において継続審査となった）。

四法案のうち三法案は、本会議で質疑を行う重要法案であり、さらに一法案（「児童虐待防止対策の強化を図るための児童福祉法等の一部を改正する法律案」）は安倍総理出席の非常に重要な法案だった。

二つの国会で成立した法案は以下の通りである。

▽「水道法の一部を改正する法律案」（第一九七回国会、平成三〇年一二月六日成立）
▽「医療保険制度の適正かつ効率的な運営を図るための健康保険法等の一部を改正する法律案」（第一九八回国会、令和元年五月一五日成立）
▽「女性の職業生活における活躍の推進に関する法律等の一部を改正する法律案」（同、令和元年五月二九日成立）
▽「障害者の雇用の促進等に関する法律の一部を改正する法律案」（同、令和元年六月七日成立）
▽「児童虐待防止対策の強化を図るための児童福祉法等の一部を改正する法律案」（同、令和元年六月一九日成立）

四 「平成」から「令和」へ

政府は、平成三一年四月一日の閣議において新元号を「令和」と決定した。根本匠は厚生労働大臣としてこの新元号の決定という重要な国事に携わる。

閣議決定に先立つ意見交換の場では、各閣僚から様々な意見が出された。根本は、「令和」のほかに「英弘」にも心惹かれたが、「新元号を令和としたい」とする安倍総理の意見を全面的に支持した。その理由について、根本はこう語っている。

「令和が、元号として日本の国柄と悠久の歴史をよく表しており、新しい時代の息吹を感じたからだ」

根本は、天皇陛下ご退位・ご即位の場にも厚生労働大臣として参列した。四月三〇日の「退位礼正殿の儀」、五月一日の「剣璽等承継の儀」、「即位後朝見の儀」に参列し、「厳かな雰囲気の中で、平成の三〇年余を振り返るとともに、令和の新時代も国民の皆様が安心して、希望する暮らしや働き方ができる時代にしたいという思いを新たにした」という。

「平成」から「令和」への時代の節目にも国会論戦は続いた。

特に参議院の厚生労働委員会は、大型連休の直前まで審議が行われた上に審議時間も長い。平成最後の委員会審議となった四月二五日、ほかの委員会が早々と〝店じまい〟する中、厚生労働委員会だけが夕刻まで審議が行われ、国会における「平成最後の大臣答弁」は図らずも根本の答弁となった。

「令和最初の大臣答弁」もまた、連休明けの五月七日にいち早く審議を再開した参議院厚生労働委員会で大臣として答弁に立った根本だった。

五　硫黄島への思い

戦没者の遺族の方々などに対する援護事業も厚生労働省の重要な使命である。厚生労働省は、戦没者の遺骨の帰還や慰霊巡拝などの慰霊事業、戦没者遺族や戦傷病者などへの援護年金等の支給、中国残留邦人への帰国援護や帰国後の生活支援などを推進している。

平成三一年三月二三日。根本匠は、日米両国の退役軍人とその遺族などが硫黄島で再会し、合同で硫黄島戦（昭和二〇年二月～三月）の戦没者への慰霊と顕彰を行う「日米硫黄島戦没者合同慰霊追悼顕彰式」と、硫黄島協会主催の「硫黄島戦没者慰霊追悼顕彰式」に厚生労働大臣として出席するため、初めて硫黄島の土を踏んだ。

硫黄島は、根本が以前から訪れたいと思っていた地だった。

太平洋戦争当時、海軍中尉だった根本の父・正良《まさよし》氏は昭和二〇年二月五日、爆撃機「一式陸上攻撃機」の機長として硫黄島への最後の物資輸送を行った。その帰途に、硫黄島の兵士たちが祖国の家族に綴った「最後の手紙」を運んだほか、米軍が島に上陸し守備隊と戦闘状態に陥った後の二月二四日、三月二五日の二度にわたって硫黄島の守備隊支援の命を受け、米艦隊による集中砲火を浴びながら応援爆撃に成功したという壮絶な体験を有する。

二度目の硫黄島爆撃は、硫黄島守備隊最高指揮官の栗林忠道中将が最後の総攻撃に踏み切る直前に行われたことから、木更津基地に帰還すると栗林中将から「本日ノ爆撃ヲ深謝ス」と感謝の電報が届いていたという。

正良氏は、多くの戦友を失った戦争体験を後世に遺したいという思いで、雑誌などに寄稿していたことから、それらがフジテレビの関係者の眼にとまり、正良氏と硫黄島で司令官として指揮を執っていた市丸利之助《いちまるりのすけ》海軍少将を主人公としたTVドラマ「硫黄島〜戦場の郵便配達〜」(フジテレビ)が制作されることとなった。放映日は、奇しくもハリウッド映画「硫黄島からの手紙」が日本国内で公開された日と同じ日だった。

戦後、正良氏は、その後半生を戦没者の慰霊と遺骨の回収、遺品の返還に捧げ、硫黄島に何度も足を運んだ。

日米合同による四〇周年の慰霊祭「日米名誉の再会」の際に知り合った元米海兵隊員のボブ・ハンセン氏とは、同氏が根本隊による二度の硫黄島爆撃を経験したことなどから、敵味方に分かれていたものの「戦友」のような友情が芽生え、家族ぐるみの付き合いを始めた。五〇周年の慰霊祭の際には、正良氏は、硫黄島協会の設立に尽力した和智恒蔵《わちつねぞう》初代会長が、硫黄島で戦没した日米両国の兵士の慰霊のために詠んだ漢詩七言絶句をタオルに染めて、ハンセン氏に手渡した。

漢詩は、戦争が終わって長い年月が過ぎ仇や怨みが消え去った今、硫黄島において共に国のために戦い犠牲となった日米両国の多くの兵士の霊を、等しく供養し慰霊したい、という趣意を込めたものだった。そのタオルは、「平和のメッセージ」となって、のちにホワイトハウスまで届き、クリントン大統領とゴア副大統領から正良氏宛に「贈り物をありがとう。あなたのご厚意に感謝します」との礼状が届いたという。

硫黄島を巡る正良氏のエピソードについては、枚挙にいとまがない（「太平洋戦争を生き抜いた根本匠の父　海軍中尉　根本正良」＝『政治家根本匠の生き方――政策本位の政治で日本は変わる』に収録＝）。そうした父の思い出が詰まった地を、厚生労働大臣となった子息が訪れたわけで、根本にとって感慨深い硫黄島初訪問となった。

令和元年八月一五日に行われた「全国戦没者追悼式」でも、根本は厚生労働大臣として大役を担った。ご臨席の天皇皇后両陛下のご先導役を務めたのである。

根本は、平成一〇年と一一年の追悼式でも厚生政務次官として「開会の辞」を述べており、「全国戦没者追悼式」では合わせて三度、大役を務めたことになる。

六　〝誤報〟に振り回される

令和元年六月五日午後。衆議院の厚生労働委員会では、立憲民主党の尾辻かな子議員が、職場でのパンプスやハイヒールの強制をなくそうという「#KuToo運動」を取り上げ、根本匠に厚生労働大臣としての見解を質した。

法案審議は夕刻まで行われ、野党側が激高することも厚労大臣が答弁に窮することもなく進んだが、場外では、共同通信の速報が国内だけでなく、海外にも配信され物議を醸していた。

「パンプス『業務で必要』と容認　厚労相発言、波紋呼びそう」

こんな見出しで配信された共同通信の記事は以下のような内容だった。

「女性にハイヒールやパンプスを強制する職場があることに関し、根本匠厚生労働相は五日の衆議院厚生労働委員会で『社会通念に照らして業務上必要かつ相当な範囲かと思います』と述べ、事実上容認する考えを示した。足を痛めるなどとして着用強制に反対する活動が広がっており、根本氏の発言は波紋を呼びそうだ」

根本がこの報道を知ったのは、委員会室を退出したあと。ブレーンの一人から連絡を受けた

「僕はこんな言い方はしていないぞ！」と怒りが込み上げる。

が、すぐに冷静さを取り戻し、「共同に抗議するにしても、念のため発言内容をチェックしてからだ」と、問題となった箇所の大臣答弁を精査するよう担当課長に指示した。

精査の結果は「記事は間違っています」。当然である。報道が事実なら、パワハラ問題を担当する大臣の発言として「極めて不見識」との誹りを免れないからだ。

しかし、それにしても質疑応答をちゃんと聞いていれば、こんな記事になるはずがない。その証拠に、毎日新聞電子版の記事（根本厚労相「パンプス強制、パワハラに当たる場合も」）は、職場で女性のみにパンプス着用を強制することについて、「根本匠厚生労働相は、状況によってはパ

ワーハラスメントに当たるとの見解を示した」と報道。「（その指示が）社会通念上、業務上必要かつ相当な範囲を超えているかがポイント。そこでパワハラに当たるかどうかということだ。足をけがした労働者に必要もなく着用を強制する場合などはパワハラに該当しうる」と、根本の答弁内容を正確に引用している。

◆「発言していない」と猛抗議

記事を書いた記者が捏造したとは思いたくない。だが、あまりにもお粗末な誤報であることは紛れもない事実で、この事態を放置すれば、誤った報道内容が既成事実化し野党に追及の材料を与えかねない。厚生労働省は同日夜、記事を配信した共同通信に厳重抗議するとともに、厚生労働記者会に所属する報道機関に厚労省としての「見解」を文書で配布した。

「一部のメディアで、女性にハイヒールやパンプスを強制することを根本厚生労働大臣が容認との報道がされていますが、五日（水）の衆議院厚生労働委員会において、根本厚生労働大臣は女性にハイヒールやパンプスの着用を強制することを容認するような発言をしていません。

同委員会において、根本厚生労働大臣は、女性にハイヒールやパンプスを着用するよう事業主が指示することについて、社会通念に照らして業務上必要かつ相当な範囲を越えているかどうかがポイントと申し上げたところです。

厚生労働省としては、健康被害が生じている場合にハイヒールやパンプスの着用を指示することが適当ではないことは当然であり、特に、例えば足を怪我した労働者に必要もなく着用を指示する場合などは、パワハラにも該当し得ると考えています。また、労働安全衛生の観点から、腰痛や転倒事故につながらないよう、服装や靴に配慮することは重要です」

報道機関は、自社の記事が明らかに誤報と分かってもミスをなかなか認めたがらないものである。厚生労働省から厳重抗議を受けた共同通信も、謝罪や記事の訂正は最後まで拒んだが、夜半にかけて問題となった記事を二度にわたって修正することで事実上非を認め、誤報騒動がようやく収まる。

七　負けられない選挙――参院選二〇一九

三年前（平成二八年）の参院選福島選挙区は、現職の法務大臣だった自民党の岩城光英氏が野党候補に約三万票の差で敗れた。令和最初の国政選挙となった今回の参院選も、福島選挙区は事実上の与野党対決。三年前に続いて自民党の現職と野党統一候補の新人が争う構図となる。

知名度では、現職の森雅子元少子化担当大臣が優位に立つが、事前の情勢分析によれば野党候補と激しく競っており、厳しい選挙戦になることが予想される。

このため自民党は、福島を「重点区」と位置づけ、公示前から菅義偉《すがよしひで》官房長官が応援に入るなどかなりの力の入れようで、陣頭指揮を執る県連会長の根本匠にとっても絶対に負けるわけにいかない選挙戦となった。

公示日の令和元年七月四日。当初の予定では、根本は福島市内で行われる森候補の出陣式で応援演説を行った後、東京に戻り省内の会議に出席する段取りだった。ところが、直前になって党の遊説班から「総理が自民党総裁としての第一声を福島市内（「あづま果樹園」）で行い、そのあと街頭演説のため郡山にも入る」との連絡を受ける。官邸からも「正午から『うすい百貨店』の前で行う総理演説に是非同行願いたい」と要請があり、根本はこれに備えることにした。

動員の手配も終え準備万端の筈だったのだが、公示前日の午後四時頃、金沢市内での応援演説を終えて郡山に戻る新幹線車中の根本に、再び遊説班から緊急連絡が入る。「正午からの郡山での総理演説を午後一時からに変更したい」というのだ。

「こんなことやっていたら、選挙に負けるぞ！」

地元では、正午からの総理演説に備え、既に一、五〇〇人の動員準備を整えている。前日の時間変更は困難で、動員に応じていただいた支持者の方々を一時間も待たせるようなことになれば、確実に票が減る。選挙は一瞬、一瞬が勝負だ。こんなことで時間を無駄にするわけにはいかない。

「正午からの総理演説の時間変更は無理だ」

根本は、直接官邸と連絡を取り、こう直談判した。その結果、四日早朝に予定されている「大雨に関する関係閣僚会議」の開始時刻を一時間繰り上げて午前七時五〇分からとし、安倍総理には予定よりも一便早い東北新幹線で福島に向かってもらうことになった。

ところで、「うすい百貨店」前での演説を終えた安倍総理は、当初の予定では、近くにあるガラス張りのしゃれたイタリア料理店で昼食をとることになっていた。が、根本の助言でＪＡ全農福島直営の焼肉店「牛豊」に変更される。

「福島は農業県。せっかく福島で食事をするのだから、福島産の食材を総理に食べてもらい、ＰＲしていただこう」というわけで、根本の趣旨に賛同した福島さくら農協が福島産米や朝採り胡瓜、ブルーベリーなどを総理の食事の席に差し入れた。

肝心の選挙戦は、中盤に入っても接戦が続いたが、自民党福島県連が一体となっての総力戦が功を奏し、野党統一候補に一〇万票もの差をつけて圧勝した。

八 「一年前の議論は何だったのか」

平成三〇年の暮れ。三一年度の税制改正で大きな焦点になっていたのが、シングルマザーなど未婚のひとり親に対する税制上の取り扱いの見直しだった。

ひとり親の世帯の税負担を軽減する仕組みが「寡婦控除」である。寡婦控除の適用は離婚や死別によりひとり親となった世帯だけが対象で、未婚の一人世帯は対象から除外されていた。住民税が非課税となる世帯の所得水準も、離婚や死別でひとり親になった世帯よりも、未婚のひとり親世帯の方が厳しくなっていた。所得税、住民税とも、同じひとり親であっても、離婚や死別による世帯と、未婚の世帯とでは異なる取り扱いとなっていたのである。未婚のひとり親世帯の収入は、離婚や死別の世帯に比べて相対的に低く、子どもの貧困の一因になるとして、見直しを求める声が上がっていた。厚生労働省でも財務省に税制改正の要望を出していた。前年末にとりまとめられた三〇年度税制改正大綱の中でも、「子どもの貧困に対応するため、婚姻によらないで生まれた子を持つひとり親に対する税制上の対応について（中略）平成三一年度税制改正において検討し、結論を得る」とされていた。

三一年度の与党税制改正大綱をまとめる過程で、自民党と公明党の議論は激しいものになった。未婚の世帯も税制上優遇することは、未婚のまま子どもを産む風潮を助長しかねないと主張する自民党と、子どもには何の罪もない、婚姻しているかどうかで取り扱いが異なるのはおかしいと主張する公明党。自民党の主張の背景には、寡婦控除がもともと戦争で夫を亡くした女性を支えることを目的に作られた仕組みであり、未婚の母を救済することを念頭に置いたものではなく、また、未婚世帯の優遇は伝統的な家族観への影響が懸念される、ということがあった。

両党による議論は平行線をたどり、当初予定していた与党の税制改正大綱の決定が延期されるという異例の事態となっていた。三一年度予算案の編成に向けて時間的にぎりぎりの議論が続けられた結果、平成三〇年一二月一三日、地方税の非課税の取り扱いはそろえる一方、さらなる税制上の対応の要否について令和二年度（二〇二〇年度）税制改正大綱において検討し、結論を得ることとすること、臨時・特別の措置として、未婚のひとり親に対し給付金を給付することで与党の議論がまとまった。

両党が一定の譲歩をした結果の結論である。税制改正において与党が出した結論は重い。しかし、この仕組みでは、同じ所得税非課税世帯であっても、減税の恩典が等しく受けられないにもかかわらず、未婚のひとり親世帯なら給付金の対象になるが、離婚や死別によるひとり親世帯は給付の対象外となり、逆に不公平という批判も起こり得る。

「国会で議論になるぞ」。根本匠は担当部局に問題意識を伝えた。

どう説明するか。野党との論戦に備えて理論武装をすべく担当局長らと徹底的に議論したが、根本の頭を悩ませるかなりの難問だった。結果的には、統計問題に質問が集中した通常国会においてこうした質問はなかったが、事前に担当部局と議論し、準備に万全を尽くして国会論戦を迎えるのが根本のスタイルである。

未婚のひとり親の世帯への税制上の措置については、令和二年度税制改正の議論でも再び大きな論点となる。自民党税制調査会の副会長を務める根本は、税調幹部の会合でこう主張している。

「税で結論が出ないから給付金が考えられたが、この給付金も説明が難しい。解決のためには、やはりきちんと税の世界で決めてもらいたい」

ふたを開けてみると、党の議論は、未婚のひとり親世帯への寡婦控除の適用について賛成一色だった。これには根本も、結果を喜びつつも驚きを禁じ得なかった。

「一年前の議論は何だったのか」

三年越しの寡婦控除の見直しの議論は、ようやく結論を得るに至ったのである。

コラム

■看護師にエール

担当大臣が関係団体の会合に来賓として出席することは日常茶飯事だが、その大半はホテルなどで開催され、団体の本部を訪れることは滅多にない。

にもかかわらず根本匠は、東京都渋谷区の表参道にある日本看護協会（福井トシ子会長）を三度も訪れている。そのうちの一回が、令和元年五月一一日に開催された「Nursing Now（ナーシングナウ）キャンペーン実行委員会発足式」への出席だった。

「Nursing Now（ナーシングナウ）キャンペーン」は、ナイチンゲール生誕二〇〇年となる二〇二〇年（令和二年）に合わせて展開される、看護職への関心を深め地位を向上させるための世界的キャンペーンである。

根本は、この話を事務方から聞くや、「式典には自分が出席して挨拶する」と自ら式典に来賓として出席した。この機会に、看護職の皆さんに伝えたい思いがあったからだ。

それは、医療、社会保障制度の発展には看護職の多大な貢献があったこと、そして、看護職の皆さん一人一人が自身の社会への貢献の大きさを認識し、専門職としての自覚とプライドを持ち、さらなる活躍をしてほしい、という思いである。地元郡山で看護職の方々の職業意識の高さと熱意に触れるたびに、そうした思いを強くしていたという

根本は平成二八年五月に、ミャンマー連邦議会の招聘で、石田昌宏参議院議員と共にミャンマー連邦共和国を公式訪問。議会や政府の要人と会談したほか、同国の医師会や看護協会の方々とも懇談を行っている。その際、都市部には近代的な病院もあるが、地方には無医村が多く、看護師はプライマリ・ケアの担い手として活動しているという話を聞いた。プライマリ・ケアとは、身近にあって何でも相談に乗ってくれる総合的な医療のことで、無医村でそうした役目を担うミャンマーの看護師の話に感銘を受けた。

根本は、生き生きとした看護師の話を聞くのが好きだ。看護師に活力がある病院は、紛れもなく良い病院である。「我が国の医療を支えるのは看護師だ」と掛け値なしに考えている。看護師が活躍できる環境をしっかりと整えていくことに、根本は力を尽くしたいと思っている。

■「グレイト！」と声を上げた米大統領

国賓として来日したトランプ米大統領の歓迎式典が令和元年五月二七日、皇居で行われた。根本匠は厚生労働大臣として式典に参列、トランプ氏と握手を交わした際に事務方が「社会保

障と労働担当の根本厚生労働大臣です」と紹介したところ、トランプ氏の口から「グレイト！」という言葉が飛び出した。社会保障と雇用政策という重要政策を一人の閣僚が担当していることに驚いたようだ。

根本は同日夜、皇居・宮殿の「豊明殿」で催された歓迎晩餐会にも、夫人と共に出席した。根本の席は、主賓のトランプ大統領の近くに指定され、テレビニュースの映像や新聞に掲載された写真では、大統領の目の前に座っているように見える。根本によれば、「暫くの間友人や支持者の方々から『映ってましたね』と声をかけられました」という。

この晩餐会では、小学生の頃に父親の転勤でニューヨークに住んでいた経験がある根本夫人がトランプ大統領と根本の会話を通訳する場面もあり、大統領から「（英語が）上手ですね」と褒められたという。

第二章　危機をバネに「統計改革」

一　「統計不正」の真相

政府の基幹統計の一つである「毎月勤労統計」は、経済情勢の判断のための大きな要素になっているほか、雇用保険や労災保険の給付に当たっての算定の基準などに使われている。厚生労働省の統計の中でも、最も重要な統計の一つだが、この統計の調査を巡って担当部局の職員らが不適切な事務処理を行っていたことが判明、厚生労働大臣の根本匠が野党やマスコミからの「統計不正」批判の矢面に立つことになる。

◆批判招いた「不適切な取り扱い」

毎月勤労統計調査については、大きく二つの不適切な取り扱いがあった。

一つは、東京都の大規模事業所についての調査方法の変更を巡るものだ。平成一六年一月調査以降、東京都の大規模事業所について、それまでの「全数調査」に代わって一部の対象だけを抽出する「抽出調査」が導入された。一般に抽出調査を行った場合には、抽出したものを母集団の調査結果として扱うため、たとえば三分の一の抽出であれば三倍にして元の大きさに「復元」する処理を行う必要があるが、毎月勤労統計についてはこうした統計的処理が行われていなかった。

もう一つは、平成三〇年一月調査から新しく導入された調査方法に関するものである。毎月勤労統計は、二~三年ごとに調査対象事業所を総入れ替えするため、調査結果に「段差（不連続）」が生じ、過去に遡って数値が補正されてきた。直近の平成二七年一月の遡及補正の際には、一度決まった過去三六か月分の増減率等の数値のうち、実に三五か月分が修正になり、うち三か月分で前年同月比がプラスからマイナスに補正されるといった具合であった。

このため、調査対象事業所を一度に全部ではなく部分的に入れ替えることで、段差を縮小させて統計精度の向上を図るとともに、遡及改定をなくすことで統計利用者のニーズにも対応することとされたのである（このような調査方法を「ローテーション・サンプリング」方式という）。

新たな調査方法の導入自体は、総務省の統計委員会をはじめとする専門家の検討を経た上で導入されたものだが、問題は、東京都の大規模事業所の抽出調査について、統計的に正しい扱いにするために、この新方式の導入に併せ、密かに復元処理を行うシステム改修が行われていたのだ。

政府統計には、政策立案や学術研究、経営判断の礎として、常に正確性が求められる。その政府統計で、なぜこのような不適切な取り扱いが長年にわたり続いたのか。この点については、根本の指示で設置した「毎月勤労統計調査等に関する特別監察委員会」によって、当時の関係職員の「動機」「目的」「認識」などが徹底的に解明されることとなる。

詳しくは後述するが、平成一六年当時、都道府県や回答事業所からの負担軽減の要望などもある中で、東京都に大規模事業所が集中しているため、「全数調査にしなくても精度が確保できる」と考え抽出調査を導入したが、連携ミスや事務処理の誤りが生じやすい体制の中で、統計上必要な復元処理が行われなかった実態や、平成三〇年には当時の担当室長が、統計として本来あるべき復元処理をし、正確な統計を公表・提供するために改修しようと考えた実態などが浮かび上がってくる。

ところが野党は、特別監察委員会の報告書を「お手盛り」などと批判するとともに、ローテーション・サンプリング方式の導入をはじめとして、平成三〇年一月調査から毎月勤労統計調査に加えられた四つの変更が、賃金を上振れさせるために行われた「アベノミクス偽装である」と主張。毎月勤労統計の問題は、第一九八回通常国会の衆参予算委員会における与野党対決の最大のテーマとなる。

こうした野党の主張に対し、根本は過去の事実関係を紐解きながら、一つひとつ丁寧に答弁していく。統計の問題は専門的で分かりにくいが、根本は予算委員会のテレビ中継を見ている国民を意識しながら、何が問題の本質かを繰り返し、しかも分かりやすく説明していく。

ここでは、論戦の焦点となった四つのポイントについて、簡単に触れておきたい。

◆国会論戦の焦点

一つ目は、ローテーション・サンプリング方式の導入である。経緯は先に述べたが、野党はこれが「官邸の指示で行われたのではないか」と主張、予算委員会に当時の総理秘書官や当時の厚生労働省の担当部長を何度も参考人として招致し執拗に追及した。

しかし、何度聞かれても、同方式の導入が当時の総理秘書官らの指示によるものではないことは明らか。厚生労働省の検討会の座長を務めた労働経済の専門家も、「政治的な圧力があったとは全く感じてはいません」との見解を表明している。

根本匠は、国民が混乱しないよう、ローテーション・サンプリング方式の導入は、毎月勤労統計調査の不適切な取り扱いとは全く別物であることを明確にしつつ、統計委員会をはじめとする専門家の検討を経た上で、統計の精度向上の観点や統計利用者のニーズを重視して行われたものであることを丁寧に答弁した。

二つ目は、ローテーション・サンプリング方式の導入に併せて、東京都の大規模事業所などの抽出調査に復元処理を導入したことである。「アベノミクス偽装」を強くアピールしたい野党側としては、「官邸の指示で、賃金の高い大規模事業所に復元処理を導入し、賃金が高く出るように偽装した」というストーリーに仕立てたかったが、これも前述したように、特別監察委員会の報告書において、当時の担当室長が統計として本来あるべき復元処理をし、正確な統計を公表・提供するために改修しようと考えたことが明らかになっている。

三つ目と四つ目は、さらに専門的な論点である。毎月勤労統計調査は、二～三年ごとに調査対象事業所を総入れ替えするのに併せ、賃金指数などを算出するための事業所規模・産業別の労働者構成割合に基づくウェイト（平均賃金や平均労働時間を求める際の加重平均に用いる労働者数）も更新され、過去に遡って数値が補正されてきた。しかし、過去に遡って数値を補正するのは統計利用者に分かりにくいため、平成三〇年一月調査から、ウェイトの更新の際に賃金指数などを遡及改定しない取り扱いとされたのだ。

根本は、こうした取り扱いは総務省の統計委員会で改めて確認され、標準的な対応と評価できるとされていることや、そもそもウェイトの更新の影響は、その時の産業・経済の構造を反映させるためのものであり、プラスだけでなくマイナスにもなり得ることから、「賃金を上振れさせるための偽装との指摘は当たらない」ことを分かりやすく説明していく。

四つ目は、平成三〇年一月からの「常用労働者」の定義変更である。ここまでくると、もはや言いがかりではないかと感じるが、根本は、①平成二七年五月に策定された政府全体のガイドラインの中で、常用労働者と臨時労働者の区分の簡素化・明確化がなされたことを踏まえた変更であること、②同様の定義変更は総務省の経済センサスや経済産業省の工業統計調査等でも既に実施されていること、などの事実関係を冷静に説明し、「賃金を上振れさせるためとの指摘は当たらない」と切り返し、野党の追及をかわした。

◆根拠なき「アベノミクス偽装」

以上、平成三〇年一月調査からの四つの変更に加え、野党は「政府が実質賃金を公表していないのはアベノミクスの成果を偽装するためだ」との主張を展開するようになる。

毎月勤労統計調査では、労働者全体の賃金水準を見る本系列の実質賃金は既に公表されており、平成三〇年はプラス〇・二％だった。

一方で、毎月勤労統計調査には、前年同月と共通の事業所だけ抜き出して、景気指標としての賃金変化率を見る「共通事業所系列」がある。平成三〇年にできた新しい概念で、野党はこの共通事業の賃金を「実質化すべき」と主張しだしたのだ。

非常に専門的な論点だが、根本匠は「共通事業所系列には二つの特徴がある」と考えていた。

一つは、毎年事業所の入れ替えがあるため、前年と今年の共通事業所と、今年と来年の共通事業所は中身が異なることから、各月に二つの賃金額が存在し、何を基準として時系列で賃金を比較するのかを決めがたいこと。もう一つは、比較的経営が堅調な企業が多いなどの偏りがある可能性があり、必ずしも日本全体の事業所を代表した賃金額とは言いがたいことである。

根本は、こうした特性を持つ共通事業所の賃金を実質化するということ、つまり物価の変動を除いて時系列の変化を見ることは「新たな課題」であり、「統計の専門家にきちんと議論してもらうべき課題である」との信念の下、野党からの激しい攻撃を受けても怯まず、徹頭徹尾そのような答弁を繰り返したのである。

統計問題は、長年にわたる行政の不適切な取り扱いに端を発したものだが、非常に専門的な内容であるため、門外漢にはなかなか分かりにくい。今振り返ってみれば、この問題を「賃金を上振れさせるための『アベノミクス偽装』である」とする野党の歯切れ良い主張に、国民の認識が流されてしまってもおかしくなかったが、根本は理詰めの答弁に徹し、粘り腰で野党の追及をかわしきった。

根本がこの問題にどのように対処したのか、詳しく見ていくこととする。

二　怒濤の一か月

◆迅速・徹底調査を指示

「大臣、実は……」

平成三〇年一二月二〇日、統計担当の幹部が部下を伴って大臣室に現れた。厚生労働省の毎月勤労統計調査について「不適切な取り扱い」があったことを大臣の根本匠に報告するためだった。当然のことながら根本にとって初耳の案件である。

口頭で報告された〝第一報〟は、①従業員五〇〇人以上の事業所について全数調査とすべきところ、東京都の調査については抽出調査となっていた、②東京都の抽出調査の結果について、統計的処理をせず全数調査の結果として取り扱っていた——の二点。政策統括官らは、「不適切な取り扱い」の全容も、どの程度の影響があるのかもまだ把握できていないらしく、根本は苛立ちを隠しつつ「経緯、原因などについて速やかに徹底的な調査を行うように」と指示した。

それから一週間後の一二月二七日。今度は事務次官級の厚生労働審議官から根本に対し、「抽出したデータを復元処理しなかった結果、統計上の賃金額が低めに出ていた可能性があり、国民経済計算や雇用保険、労災保険などへの影響が考えられる」との追加報告が口頭で行われた。

仮に、雇用保険や労災保険で追加的に給付が必要なら、一二月二一日に閣議決定していた平成三一年度予算案の早急な変更が必要になる。これが一月下旬の通常国会召集後にずれ込むようなことになれば前代未聞の事態だ。根本は、厚生労働審議官に対し具体的にどの程度の影響があるか至急見定めるよう指示した。

翌二八日には、厚生労働省の事務方から総理秘書官経由で安倍総理に報告が上がった直後、朝日新聞が同日夕刊の一面トップで「厚生労働省が公表している『毎月勤労時計』について、本来とは違う手法で一部調査されていたことが二八日、分かった」と報道（「勤労統計　全数調査怠る厚労省」）。根本と厚生労働省の担当幹部らは、以後、連日のように記者の取材攻勢を受けながら年を越し、騒然とした雰囲気の中で新年を迎える。

◆「不適切な取り扱い」を公表

明けて平成三一年。新年最初の厚生労働大臣の定例記者会見は、一月八日の閣議後に行われ、根本匠は、毎月勤労統計の問題について「東京都の五〇〇人以上規模の事業所で全数調査と公表していたものについて抽出調査を行っていたと事務方から報告を受けており、その事実関係を徹底的に調査するよう指示した」ことを明らかにするとともに、調査結果がまとまり次第公表する考えを表明した。

この時点では、まだ調査結果を公表できる状態にはなかったが、作業は夜を徹して進められ、三日後に公表にこぎつける。

一月一一日正午過ぎ。厚生労働省九階の記者会見室に現れた根本は、記者会見の冒頭、「政策立案や学術研究、経営判断等の礎として、常に正確性が求められる政府統計について、こうした事態をひき起こしたことは極めて遺憾であり、国民の皆様にご迷惑をおかけしたことを心からお詫び申し上げます」と述べ、一歩後ろに下がって深々と頭を下げた。

続いて事案の概要や、雇用保険・労災保険・船員保険の追加給付が必要であることなど事案の影響について説明。追加給付の対象となる可能性のある方々の一人当たり平均額や対象人数、給付費の現時点の見通しを示すとともに、専用の相談ダイヤルを設けきめ細かく対応するなど、今後の対応策を明らかにした。

追加給付の費用については、年末に閣議決定した平成三一年度予算の概算を修正して計上する必要があり、一八日の閣議で概算の変更を決定。通常国会の開会までに予算案の変更が間に合わないという最悪の事態は回避された。

◆「特別監察委員会」に調査託す

追加給付の必要性の検討や予算案の修正の作業といった最優先でやらなければならないことに取り組む一方で、なぜこのようなことが行われてきたかについても調査を進める必要がある。それが明らかにならなければ、この問題に対する国民の疑問に答えることも再発防止を講じることもできない。

一刻も早く進める必要があり、大臣官房内の常設組織である「監察チーム」が年末から過去の担当者らへのヒアリングなどの調査を進めていた。このチームは、官房長をヘッドとする厚労省内部の管理監督部門に当たる組織で、弁護士ら外部の有識者もチームのメンバーとして名を連ねている。

「担当職員の動機や目的、あるいは認識などを含めた事実関係については、外部の弁護士等が参画する監察チームが調査を行っているところです」

根本匠は、一月一五日の定例記者会見で監察チームが既に動いていることを明らかにする。しかし……。

弁護士が参画しているとはいえ、厚労省の事務方が取り仕切る内部組織であり、事の重大性を考えるとこの形態は好ましくない。根本は、監察チームのメンバーから官僚を外し、役所の組織からより独立性を高めて調査を徹底するため、民間有識者だけで構成する組織を特別委員会として新たに立ち上げるよう大臣官房に指示する。

メンバーの人選についても「統計の問題なのだから、統計の専門家に加わっていただくように」「委員長も統計の専門家にすべきである」などと具体的に指示。翌一六日には、元統計委員長の樋口美雄《よしお》労働政策審議会会長（独立行政法人労働政策研究・研修機構理事長）を委員長とし、監察チームのメンバーだった弁護士ら六名で構成する「毎月勤労統計調査等に関する特別監察委員会」が設置された。一七日に予定していた監察チームの会合も、特別監察委員会の初会合に差し替えられた。

一六日夜、会食を終え外に出た根本を悪寒が襲う。「風邪かな」。帰宅後、体温を計ると三八度あるので早々に床に就いた。

翌朝、体温は三七度に下がっている。少し悪寒がするが、大丈夫だろうと厚生労働省に向かい、特別監察委員会の初会合で挨拶した後、廊下で待ち構えていた報道陣の囲み取材（臨時記者会見）に応じた。その後も淡々と公務をこなしていった根本だが、熱っぽさが続き、だるさも感じる。いま寝込むわけにはいかないので、かかりつけのクリニックで診てもらうことにした。

「インフルエンザです。B型ですね」。同郷で福島県立安積《あさか》高校の後輩でもある主治医は、ハスキーな語り口調でこう告げ、解熱後三〜四日間は自宅で静かにしているように、と根本に言い渡した。

当然のことながら一八日の閣議は欠席せざるを得ない。週末は主治医の言いつけを守り自宅にこもっていたが、頭の中は仕事モードのまま。持ち帰った資料に目を通し、考えが浮かんだり、気づいたことがあると、その度に携帯電話を手元に引き寄せる。

電話越しならインフルエンザをうつす心配がない。事務次官、大臣官房総括審議官、総務課企画官、統計部門の担当者、政務秘書官、事務秘書官、政策参与……。根本は、片っ端から電話をかけ、次々と指示を飛ばした。ブッチホン（電話好きの小渕首相＝当時＝からかかってくる電話のこと）ならぬ〝匠ホン〟が、図らずも主不在の厚生労働省内の空気を引き締める役目を果たした。

その間、特別監察委員会は、毎月勤労統計調査の不適切な取り扱いに関わった職員の「動機」「目的」「認識」などについて、監察チームが先行して進めていた調査の情報を引き継ぎながら、追加調査や関係者からのヒアリングなどの調査を進めていた。メンバーは、新たに二名の統計専門家を加え八名に拡充。一月二二日に報告書をとりまとめるまで土日を返上して計五回の会合を開いて、計三一名に対しヒアリングを実施、この問題が生じた背景が明らかにされる（後述するが、この時のヒアリングの一部を事務方だけで行っていた事実を一月二四日の衆参厚生労働委員会の閉会中審査で厳しく指摘され、それ以降、事態は急激に緊迫度を増していくこととなる）。

◆「言語道断」と厳しく指摘

「毎月勤労統計調査等に関する特別監察委員会」がとりまとめた「毎月勤労統計調査を巡る不適切な取扱いに係る事実関係とその評価等に関する報告書」は一月二二日、インフルエンザ感染から公務に復帰した根本匠に提出された。

この報告書で明らかになった事実関係は、以下の通りである。

①少なくとも平成八（一九九六）年以降、調査対象事業所数が公表資料よりも一割程度少なかった。
②平成一六（二〇〇四）年一月調査以降、東京都の規模五〇〇人以上の事業所について抽出調査としたが、調査年報の「全数調査」という記載と相違していた。また平成二九（二〇一七）年に変更承認を受けて以降、調査計画に記載された内容（「全数調査」）に違反していた。
③平成一六（二〇〇四）～二九（二〇一七）年調査までの東京都の規模五〇〇人以上の事業所等について、抽出調査をするも、集計上必要な復元処理が行われていなかった。
④平成一六（二〇〇四）～二三（二〇一一）年調査の再集計に必要な資料の一部の存在が確認できない。
⑤平成二三（二〇一一）年に変更承認を受けた調査計画に記載された内容（調査対象事業所数、

全国統一の抽出方法）どおりに調査が行われなかった。
⑥平成二七（二〇一五）年調査の事務取扱要領から、東京都の規模五〇〇人以上の事業所について抽出調査とする旨が記載されなくなった。
⑦平成三〇（二〇一八）年のサンプルの入替方法の変更に併せ、東京都の規模五〇〇人以上事業所の抽出調査に復元処理を行うシステム改修を行った。
⑧平成二九（二〇一七）年に変更承認を受けた調査計画に記載された内容（規模五〇〇人以上の事業所は全数調査）に反し、平成三一（二〇一九）年調査で抽出調査を東京都で行い、さらに三府県で行おうとした。
⑨平成三〇（二〇一八）年九月にサンプルの入替方法の変更に伴う数値の上振れの指摘を受けた際、統計委員会に、復元を行うこととしたことを説明していなかった。

以上の事実関係について特別監察委員会は、以下のように指摘する。

①課長級職員を含む職員・元職員は、事実を知りながら漫然と従前の取扱を踏襲。部局長級職員も実態の適切な把握を怠り、是正しなかった。
②適切な手続を踏まなかったこと、復元処理を行わなかったこと、調査方法を明らかにしなかったことについて、統計調査方法の開示の重要性の認識、法令遵守意識の両方が欠如。

平成二九（二〇一七）年の変更承認以降は統計法に違反する。
③抽出率の変更担当からプログラム担当への作業発注・フォローアップの過程で連携ミスや誤りが生じやすい体制だったが、管理職はシステム改修を部下に任せきりにし、問題の把握を怠り、適切なプログラム改修が実施されなかった。
④一部、標準文書保存期間基準等に反する不適切な取扱いがあった。他方、再集計に必要なデータ等の一部は、保存期間が満了。
⑤これまで公表してきた調査方法を調査計画に安易に記載したという認識で、平成二三（二〇一一）年の変更承認以降は統計法に違反する。
⑥実作業に影響ないと、課長級職員が判断し、決裁や上司への相談を経ずに対応したのは不適切だが、供述によれば、隠蔽しようとする意図までは認められない。
⑦課長級職員は、サンプルの入替方法の変更が機能するようシステム改修を指示したが、供述によれば、抽出調査を隠蔽しようとする意図までは認められない。
⑧サンプル数が多い県については、統計上問題ないと担当が判断し、東京都と同じように実施しようとしたが、課長級職員は法令遵守意識が欠如しており、部局長級職員も決裁権者としての責任を免れない。
⑨前任者の誤った認識に基づく引継ぎにより、復元処理をするようになったことを説明しなかった。

そして特別監察委員会は、以下のように総括する。

○常に正確性が求められ、国民生活に大きな影響を及ぼす公的統計で、統計法違反を含む不適切な取扱いが長年継続し、公表数値に影響を与えたことは言語道断。行政機関としての信頼が失われた。
○統計の正確性や調査方法の開示の重要性等、担当者をはじめ厚生労働省の認識が甘く、専門的な領域として「閉じた」組織の中で、調査設計の変更や実施を担当者任せにする姿勢や安易な前例踏襲主義など、組織としてのガバナンスが欠如。
○統計に携わる職員の意識改革、統計部門の組織の改革とガバナンスの強化、幹部職員を含め、組織をあげて全省的に統計に取り組むための体制の整備等に取り組むべき。今後、引き続き具体的な再発防止策等を検討。
○本報告書における事実関係、評価等に基づき、厚生労働省が猛省し、関係職員の厳正なる処分が行われることを望む。

特別監察委員会の樋口委員長は、根本に報告書を提出した直後の記者会見で、「職員と元職員は（不適切な手法による調査の）事実を知りながら、漫然とこれまでの方法を踏襲していた。局長クラスは事態を適切に把握せず、報告があっても適切な判断をしなかった。要は、任せっきりになっていたことが問題だ」「国民の統計に対する信頼だけでなく、行政に対する信頼も失わせた」などと述べ、長年にわたる不適切な対応を厳しく批判した。至極もっともな指摘である。

根本は同日午後六時一五分から緊急記者会見を行い、厚生労働事務次官以下全二四名の処分と、大臣・副大臣・政務官の給与及び賞与の自主返納を発表した。根本自身は、大臣就任から一月分までの給与（四か月分）と賞与全額（一回分）を返上、「大臣としてのけじめ」を示すことにしたのである。

不祥事などの問題が生じた場合、初動の対応から処分までを一気に行う。復興大臣時代からの根本の政治スタイルは厚生労働省でも貫かれることになった。問題発覚からの怒濤の一か月はこうして過ぎたが、火種は残る。

「統計不正　遠い解明」（朝日新聞）

「『隠蔽ない』釈明追われ　特別監察委」（毎日新聞）

「野党『処分に違和感』　自民も批判『猛省を求める』」（日本経済新聞）

翌日の朝刊各紙は一斉に、報告書と厚労省の対応に批判的な記事を掲載。翌々日には社説で「幕引きは許されない」（朝日新聞）、「幕引きせずに資料開示を」（毎日新聞）、「これで幕引きはできない」（産経新聞）と、さらなる事実の解明を迫る論調を掲げている。

三　論戦の火蓋を切る

◆相次ぐ〝失態〟で窮地に

「毎月勤労統計調査等に関する特別監察委員会」の報告書公表から二日後の平成三一年一月二四日、衆参両院の厚生労働委員会において統計問題を巡る閉会中審査が行われた。

厳しい追及が続く中、粛々と審議が進んだが、ある野党議員の質問で展開が大きく変わる。

「監察チームでは、局長・課長級延べ一四名、課長補佐以下延べ一五名。特別監察委員会においては、局長・課長級延べ二七名、課長補佐以下は延べ一三名に対しヒアリングを行い、合計で延べ六九名の職員と元職員にヒアリングを実施したとあるが、実際には何人にヒアリングしたのか？」

この議員からは、さらに「実際にヒアリングした者のうち、監察チームでヒアリングしたのは何人か？」「特別監察委員会でヒアリングしたのは何人か」と問われる。

いずれも数を答えるだけの単純な質問だが、事務方が事前に準備した想定問にはない想定外の質問に、委員会室に詰めている厚生労働省の事務方は混乱状態に陥った。あろうことか、回答すべき数字を用意してこなかったのだ。

数字を答えるだけの単純な質問に政府側は即応できず、根本匠の表情が一瞬強ばる。厚労省の事務方が、委員会室の裏手で資料をめくりながら必死に数えるが、作業は遅々として進まず、審議が三〇分以上ストップする。

ようやく数字がまとまり、官房長が答弁に立ちひとまず窮地を脱するが、後日、答弁した数字が間違っていることが分かり、根本が記者会見で謝罪する羽目に陥る。

この野党議員の追及はなおも続き、特別監察委員会のヒアリングを行ったのは外部有識者、事務方のいずれかという点に及ぶ。これも〝想定外〟の質問で、根本は記憶をたぐり寄せながらこう返答した。

「監察チームは一体なので、職員がヒアリングをやって監察チームにかけている。監察委員会が独立して設置されてからは、委員会のメンバーが個別にヒアリングをしている」

ところがその直後、官房長が「補佐以下については、一部、事務方でヒアリングをし、(特別監察委員会に)ご報告したというものもある」と補足答弁を行い、特別監察委員会の始動後、職員だけでヒアリングを行っていたケースもあったことを明らかにしたのである。

「大臣が最初に答弁された、第三者の人に入ってもらっているから樋口委員長に内容の責任は負ってもらっていると言ったこと自体の土台が崩れている」

大臣と官房長の答弁に齟齬があることを追及する野党議員。厚生労働委員会は大荒れの展開となった。

準備万端、満を持して臨むべき通常国会の前哨戦(閉会中審査)で飛び出した事務方の相次ぐ失態に歯噛みする根本。何ともやるせない展開である。

◆追加調査で局面打開へ

前述したように、樋口委員長はじめ特別監察委員会の八名の有識者の懸命な努力によって、毎月勤労統計調査の不適切な取り扱いの事実関係と関わった職員の「動機」「目的」「認識」が明らかにされた。根本匠も、特別監察委員会報告書の内容には絶対の自信を持っている。

しかし、調査の主体が監察チームから特別監察委員会に移行した後も事務方がヒアリングに関わっていた事実が閉会中審査で明らかになり、このままでは通常国会を乗り切ることは難しい。

「統計不正　内輪で検証　半数は厚労省職員が聞き取り」（朝日新聞）

「『出来レース』国会怒号」（日本経済新聞）

「厚労省　身内が調査　不正報告書　信頼性揺らぐ」（毎日新聞）

翌一月二五日付の新聞報道の中に、特別監察委員会の報告書を「『〇点』だ。幕引きを急いだ印象しか残らない」（朝日新聞）と酷評する弁護士のコメントが掲載されるなど逆風は強まるばかりである。

「昨日の衆参厚生労働委員会における議論などを踏まえ、特別監察委員会による報告について、いささかも疑念が生じることがないよう、樋口委員長と相談し、特別監察委員会の委員によるヒアリングなどの調査をさらに行っていただくことにした」

根本は同日の記者会見で、報告書の客観性を補強するため「追加的な調査」を特別監察委員会に要請したことを明らかにした。

しかし、事態はさらに悪化の一途を辿る。特別監察委員会のヒアリングに事務方ナンバー2の厚生労働審議官とナンバー3の官房長が同席していたことが、一月二八日の新聞報道で明らかになったのである。この日早朝、自宅に迎えに来た秘書官からこの新聞報道とその報道内容が事実であることを聞かされた根本は、「自分たちが（特別監察委員会の）第三者性を否定するような行動を取って、どういうつもりだ」と、またも飛び出した事務方の重大な失態に憤る。

根本がこれほど怒りを露わにしたのは、前週末に事務方から告げられたもう一つの重大な〝失態〟も重なったからである。

◆「報告を忘れていた？」

総務省は一月二四日、毎月勤労統計の問題を踏まえて進めていた国の基幹統計の一斉点検結果を発表、五六ある基幹統計のうち二二統計で、過大な数値の公表をはじめとする不適切な事例があったことを明らかにした。ところが、この点検結果には〝漏れ〟があり、主要産業の賃金実態などを調べる厚労省の「賃金構造基本統計」の調査手法に誤りがあることを総務省に報告し忘れたのである。よりによって、これだけ統計が問題になっている時にだ。

根本匠への報告は二五日に行われ、①調査員調査により実施するとされていたところを、郵送により実施していた、②調査票の提出期限について、調査計画よりも早い提出期限を定めている例があった、③調査対象範囲から「バー、キャバレー、ナイトクラブ」を除外していた——との事実を総務省に報告することを「失念しておりました」という。

「忘れていた？」。開いた口がふさがらない、とはこのことだ。

「（部下に）後ろから撃たれるのはこれで何度目だろう」。根本は、そっと天を仰いだ。

厚生労働省は週明け一月二八日にこの事実を総務省に報告。総務省が同日、賃金構造基本統計にも誤りが見つかったことを公表、マスコミや野党から一斉に「隠蔽」批判が噴き出す。懸念されていた展開である。

毎月勤労統計の問題が焦点となる通常国会が同日召集され、このままでは手ぐすね引いて待つ野党側に新たな攻撃材料を差し出すことになりかねない。根本は二月一日、総務省への報告を行わなかったのは統計を担当する賃金福祉統計室長の判断だったとする内部調査結果がまとまったことを受けて、その上司である統計担当の政策統括官を官房付に異動させる人事を発令する。事実上の更迭人事である。

賃金構造基本統計調査事案の検証作業はその後、総務省（行政評価局）に舞台を移して行われ、三月八日に調査結果が公表された。それによると、「厚生労働省の危機管理対応に問題点があったこと」「総務省の一斉点検の発注方法に改善の余地があること」が指摘されるとともに、「『遵法意識の欠如』と『事なかれ主義の蔓延』が問題の根底にある」と断じた。

統計問題が、毎月勤労統計から賃金構造基本統計へと拡大する中、通常国会での論戦へ突入する。

◆進次郎氏、〝先手〟打つ

二月四日に開始された衆議院予算委員会の審議は、予想通り冒頭から統計問題に集中する。この日、トップバッターとして最初に質問に立ったのは自民党の小泉進次郎厚生労働部会長だ。

「実害が発生している約二、〇〇〇万人の方に、いつ追加給付がどのようにできるかということを明らかにすることだと思います。厚労部会では、追加給付の工程表を早く提示するよう求めてきましたが、めどが見えたでしょうか」

毎月勤労統計調査による毎月の平均給与額の数値は、雇用保険、労災保険、船員保険の受給者に対し給付する各種手当、年金額の基礎となっている。今回の不適切な取り扱いの結果、総数延べ約二、〇一五万人に影響が生じ、追加の保険給付費は約五六四億円に上る。小泉氏の質問の狙いは、追加給付がしっかりとなされるかどうか政府に確認することにあった。

予算委における質疑応答の模様をＮＨＫがテレビ中継する中、厚生労働省の取り組みをアピールする上で願ってもない質問である。根本匠は、「雇用保険や労災保険などの給付に不足が生じ、国民の皆様にご迷惑をおかけしている」とお詫びした上で、早急に追加給付が行われるよう作業を進めており、給付の種類ごとに現時点でのスケジュールの見通しを示す工程表を同日付で公表することを明らかにした。

「現在給付を受けている方に対する過去分の追加給付は、給付の種類に応じ三月から一〇月ごろにかけて順次お知らせを開始することを考えています。お知らせがお手元に届いた後、順次お支払いをしていきます」

根本は、テレビ中継を見ている視聴者（国民）を意識し、丁寧な答弁に努めた。

小泉氏の質問は、野党の機先を制するかのように、毎月勤労統計問題の〝本丸〟へと向かう。小泉氏は、今回の問題は、原因の究明、早期の追加の給付の実施、再発防止と信頼回復の三つにあると指摘した上で、厚労省が原因究明を託した特別監察委員会の性格について「厚労省の中でやる調査にもかかわらず、第三者性ということを強調し過ぎた点は率直に反省をした上で、いかに理解が得られるかということを考えられた方がよろしいのではないでしょうか」と質問をぶつける。

事前に通告がなかった想定外の質問である。これに根本はどう答えたか。

「特別監察委員会については、より中立性、客観性を高めるために、有識者の方でやっていただこうという思いでつくりました。そこを、委員ご指摘のように第三者性を強調し過ぎたのではないかということについては、私も反省をしております」

心情を率直に吐露した根本らしい答弁だが、「反省」という言葉が厚労大臣の口から飛び出したことに委員会室がざわつき、野田聖子委員長が「静粛に」と野党側のヤジを制することになる。

◆厚生労働省改革への思い語る

さらに小泉氏は、①総務省から厚生労働省に「問題あり」と伝えられてから大臣に報告するまで一週間もかかったこと、②その翌日（一二月二一日）に毎月勤労統計調査の一〇月分確報を公表することを大臣に報告しなかったこと——について、「厚労省という組織の危機管理能力の欠如」「組織の隠蔽体質の表れ」と指摘。厚生労働省改革への大臣の取り組み姿勢を質した。

長くなるが、根本匠の心情が吐露されている大臣答弁をそのまま引用する。

「私も、厚生労働省改革が必要だと思っています。まず、今回の一連の事案について、高い専門性と信頼性を有すべき統計分野によって長年にわたって誤った処理が続けられ、それが見抜けなかった責任、そして、今般の事案が発覚してから、厚生労働省の対応に大きな不手際があって、統計への信頼、厚生労働行政への信頼を損なうことになってしまっていることについて、私は、率直に国民の皆様にお詫びを申し上げます。

政治家は常に、国民の皆様に寄り添って国を動かしていくことが責務だと思います。特に東日本大震災の時には、被災者のつらい思い、不安、痛みを私は肌で感じてきました。そして復興大臣として、被災者の心に寄り添って、現場主義に立って、全身全霊を傾けました。その時に感じたのは、私は、政治家が先頭に立って、政治家と官僚がお互いに信頼し合って、力を合わせて難局に対処するということです。

統計への信頼あるいは給付の問題、厚生労働省に対して国民の皆様の不信感が高まっている、危機管理能力も欠如している、そのとおりだと思います。しっかりと受けとめて、役割を果たしていかなければいけないと思います。

私は、厚生労働大臣として、職員に対し『行政のプロとしての誇りを胸に、持てる力を存分に発揮してほしい』『常に国民の皆様の目線を忘れてはならない』と言ってきました。厚労行政は国民生活に直結する分野ですから、これに寄り添う行政を展開していくという姿勢を改めて徹底したいと思います。

厚生労働省には、社会保障改革と働き方改革、その両方をやりたいという熱い思いでこの役所に入ってきた若手も大勢いる。私はぜひ彼らの意見を聞きたい。そして、厚生労働省に何が、改革に何が必要かを考えていきたいと思います。

統計に対する姿勢を根本から正し、再発防止を徹底する。何よりも、追加給付について、できる限り速やかに、簡便な手続でお支払いできるよう万全を期す。そして、私が先頭に立って、厚生労働行政の重みに対応したしっかりとした組織のガバナンスを確立する。これに全力を尽くして、国民の皆様の信頼回復に努めることが私の責任であると考えています。しっかりとやり遂げていきたいと思います」

安倍内閣における最初の復興大臣を経験した上、厚生労働省の危機を肌で実感している当事者の根本にしかできない、厚労省の職員、とりわけ若手の職員に真っすぐ突き刺さる、熱のこもった答弁だった。

四　「追加報告書」でも野党と激論

◆執拗な「アベノミクス偽装」論

この章の冒頭で述べたように、「統計問題」は、長年にわたる行政の不適切な取り扱いに端を発したものだが、極めて専門的であるため門外漢には分かりにくい。

そこで野党は、衆参両院の予算委員会など国会論戦の場でこの問題を「賃金を上振れさせるための『アベノミクス偽装』である」という強引なストーリーを組み立てて、政府側を以下のように追及した。

「平成三〇年一月以降、不自然に賃金が上昇している。国内外のエコノミストから『昨年の日本の賃金統計はおかしい』『統計として使い物にならない』『実態と乖離がある。具体的には上振れ、かさ上げされている』という指摘が相次いでいる」

「平成三〇年一月にこっそりデータの復元を行い、アベノミクスによる賃金上昇を不当に高く演出しようとしたとも受け取れる行為を行った。これぞまさに賃金偽装、アベノミクス偽装である」

「今回の統計不正ではっきりしたのは、アベノミクスの行き詰まりがいよいよ隠し切れなくなり、賃金伸び率を水増しし、マイナスの実質賃金を隠すために官邸主導で調査方法を変更し、賃金偽装、アベノミクス偽装を行ったということだ」

これに対し政府側は、①名目賃金は再集計後のデータでも増加傾向が続いている、②連合の調査では五年連続で今世紀に入って最高水準の賃上げが実現し、中小企業の賃上げは過去二〇年で最高となった、③女性や高齢者の就労参加が進んだことで生産年齢人口が減少する中でも雇用が大幅に増加している、④その結果、国民みんなの稼ぎである総雇用者所得が名目でも実質でも増加が続き、雇用・所得環境が着実に改善している――と指摘した上で、「アベノミクス偽装との指摘は全くあたらない」と反論した。

◆特別監察委に事務局新設

予算委員会における攻防はさらに続く。野党側は、特別監察委員会のヒアリングに厚生労働省の幹部が同席していたことなどを理由に同委員会の「第三者性」を全面的に否定、その報告書についても「お手盛り」との批判を繰り広げた。

その矛先は、当然のことながら担当大臣である根本匠に向かい、平成三一年二月四日の衆議院予算委員会で小泉進次郎議員の質問に「第三者性を強調しすぎたことは反省している」と答弁したことを取り上げ、その真意を質した。

根本は「私が特別監察委員会の中立性、客観性に込めた思いから、対外的にも第三者委員会と説明してきたことで、結果として第三者性を強調しすぎることとなった。こうしたことについて反省している旨を述べた」と率直かつ丁寧な答弁に努めるが、野党側の執拗な追及はなおも続く。

特別監察委員会について、「日弁連の第三者委員会ガイドラインに基づいて行われているのか」という質問もあり、根本は「運営や調査方法、報告書の記載内容などについて、厚労省からの影響を離れて独自にその決定を行っており、中立性・客観性は担保されていると考えている」と答えている。

しかし、事務方の相次ぐ〝失態〟で第三者性に疑義が呈された特別監察委員会の信頼を取り戻すことは容易ではない。根本は、職員の関与がない、外部の弁護士だけで構成する事務局を特別監察委員会の下部組織として新たに設置することを決断。日曜日だったが、その方針を事務次官の鈴木俊彦に伝え、事務局に入る弁護士を「明日中に探せ」と指示した。

その結果、事務局長には元最高検察庁検事の弁護士を起用することが決まり、二月七日付で事務局が設置された。過去の調査では人事課が実質的な事務局機能を担っていたが、今後は事務局からの指示を受けた上で過去の資料を調べたりコピーを作成したりする庶務作業だけを受け持つことになり、独立性が一段と高まる。

この事務局新設により、特別監察委員会の検証作業に拍車がかかる。追加報告書のとりまとめは二月二七日に行われたが、その間同委員会は計一七回会合を開き、延べ六九名（実人数五九名）にヒアリングを実施。平成二六年度以降の事務次官・厚生労働審議官経験者八名にもヒアリングを行ったほか、四都府県（東京、神奈川、愛知、大阪）にも委員や事務局員を派遣し、自治体の担当者からも聴取した。

◆「追加報告書」まとまる

追加調査は、統計法違反などを含む不適切な取り扱いが疑われる事案（統計法違反、対外的な説明と実態が相違、統計の専門的な視点から不合理な点など）が対象とされた。

追加調査の基本的なスタンスは、「一月報告自体は本委員会におけるそれまでの調査、審議を反映したものとして基本的に妥当なものと考えているが、更に徹底した追加調査の結果判明した事実関係や、一月報告公表後に指摘された問題点も踏まえ、虚心坦懐に審議し、一月報告における評価について改めるべき点があれば改めるとの姿勢で調査審議した」（追加報告書）ということである。東京都の大規模事業所について、平成一六年一月調査分から抽出調査を行い適切な復元処理を行わなかった事案、平成三〇年一月調査分からローテーション・サンプリング方式を導入した際に復元処理を始めた事案などについて、さらに掘り下げて調査が行われた。

追加報告書の最大の焦点は、「組織的隠蔽」があったのではないかという疑念に対し、報告書がどのような判断を下すかだった。詳細は後述するが、「虚偽申述」を行ったことは「厳しく非難されるべきこと」とした一方、「組織的隠蔽」については、「『隠蔽行為』とは、その事実を認識しながら意図的にこれを隠そうとする行為（故意行為）であることを前提」とした上で、「深刻な不正である担当課（室）の職員らにおいて、意図的に隠したとまでは認められず、『隠蔽行為』があったとはいえない。」と結論付けた。この点は、参議院の予算委員会で大きな論点となる。

さらに、以下のような表現で厳しく問題を指摘されている。

・担当課（室）という組織としての独自判断や怠慢による不適切な取り扱いが認められ、このような行為は特別監察委員会として到底容認できない。
・厚生労働省の担当部長（統括官）以上の幹部の対応は、管理監督責任が問われるべきものであることは当然であり、統計の重要性の認識の甘さ、マネジメントの機能不全、ガバナンスの欠如を強く非難する、厚生労働省には猛省を促す。

その上で、今回の事案の全体に対する評価として以下のように総括、八項目の再発防止策を提案している。

・公的統計の意義やその重要性に対する意識の低さが際立っている。
・長年にわたり、不適切な取扱いを放置し、これを公にすることを怠った担当者の職務遂行に対する安易な姿勢は、甚だしい職務怠慢であって、定められたルールに従って誠実に事務を遂行すべき公務員として到底許されるものではない。

・統計業務に携わる担当者にさえ、統計の意義や重要性についての意識が備わっていないことが挙げられるものの、これをすべて個人の責任に帰することは正しい評価とは思えない。

・幹部職員には統計に関する知識や統計業務担当の経験がないものが多く、統計に係る業務を統括する立場にある幹部職員ですら、部下職員から不適切な取扱いについて報告を受けながら、明確な指示を出すことなく、また、的確なフォローもせずに問題を解決しないまま放置するという事象は、統計に対する厚生労働省の組織全体の姿勢を象徴するものである。

【再発防止策】

①調査設計、推計方法（調査の計画、抽出、実査、有効回答、集計などの基本情報の開示を含む。）など、詳細な調査内容の正確かつ迅速な公開

②統計調査の内容や手法に計画との乖離や誤りなどを関係者や第三者が発見した場合、速やかに問題を報告し、迅速に対応するための体制整備

③統計調査の実査における国と地方自治体との関係を風通しの良いものとし、問題が発見された場合、速やかに相互に指摘し合える体制の構築

④幹部職員も含め、職員に対する統計の基本知識の習得や意識改革の徹底
⑤統計法の遵守を徹底するとともに、調査計画を変更する場合の担当部署内の手続きのルールの明確化
⑥国民生活に直結する行政を担う者としての責任の自覚とガバナンスの強化を目的とした管理職を含めた研修の強化
⑦統計部門の業務遂行能力の強化及びそのためのリソースの拡充
⑧他府省や民間の統計専門家などとの人事交流や相互研鑽の機会の拡充などを通じた「開かれた組織」への変革と外部チェック機能の導入

◆「組織的隠蔽」で攻防戦

「アベノミクスをよく見せるための政治的意図を持って官邸が主導したか、調査が不十分だ」「形ばかりの報告書を新年度予算の採決までに出して、通過させようという意図が見え見えだ」追加報告書が公表されるや、野党からは予想通り反発の声が上がる。

衆議院予算委員会でも、野党が「全数調査から抽出調査に変更した経緯などの事実関係も解明されておらず不十分。再々検証すべきではないか」と新たな追及を始める。

これに対し根本は、特別監察委員会には「中立的、客観的な立場」から検証作業を要請、①平

成一六年に東京都の大規模事業所が抽出調査とされ、その際に復元処理がされなかった、②平成三〇年からのサンプルの入替方法の変更に併せ、復元処理を行うシステム改修が行われた――ことなどについて、「『事実関係』、関係職員の『動機、目的、認識』、『責任の所在』を明らかにしていただいた」ことを答弁する。

虚偽申述はあって組織的隠蔽はないということは、一般の人には分かりづらい。追加報告書では、「組織的隠蔽」についての委員会の見解も明らかにされた。

一月に報告書を公表した際の特別監察委員会の記者会見では、「ヒアリングや資料突合の結果としては、組織的隠蔽は認定できない。完全に疑問が解消されてはいないが、意図的に隠蔽したと認定は難しい。あえて抽出とした理由はそれなりの説明ができている。事務負担という理由が出ている。真っ白とは言わないが、隠蔽があったというのは無理がある」との見解が示されていた。

樋口委員長も、「課長は事実を知りながら漫然としており、局長にも報告していない。また、局長は事実を知っても適切に実施しなかった。厚労省としての組織的関与はないが、『組織的不関与』がむしろ問題」と答えているが、国会審議では野党委員から「組織的隠蔽」の考え方に関する質問が相次いだ。

特別監察委員会の追加調査では、事実関係の調査をより慎重に進めるとともに、参考となる法律の規定、裁判例、有識者の意見も聴取し検討された。その結果、追加報告書では、「虚偽申述」について平成二七年の検討会、平成二八年のローテーション・サンプリング方式導入の変更申請で全数調査と説明・記載するなど、公的な場で課室長の判断の下、真実に反することを認識しながら、事実と異なる虚偽の申述を行ったとされ、単にその申述をした担当者の個人の責任にとどめるべきではなく、「課室という組織としての独自の判断による行為と評価すべきであり、厳しく非難されるべき」との判断が示された。

一方、「組織的隠蔽」については、「その概念は多義的であり、確定的な定義や見解は見当たらない。本委員会として『隠蔽』の有無として取り上げるべきと考えたのは、法律違反・極めて不適切な行為（違法行為等）であり、『隠蔽行為』とはその事実を認識しながら意図的にこれを隠そうとする行為（故意行為）である」と指摘している。

その上で、不適切な取り扱いに関与した担当課室の職員らは、主観的には、統計数値上の問題はない、あるいは、許容範囲内であると捉えており、当人や省、担当課室にとって極めて不都合な事実、深刻な不正等と捉えたとは認められない。担当課室の職員らにおいて、綿密な打合せや周到な準備などの形跡はなく、不適切な取り扱いがいずれ露見するような、その場しのぎの事務処理をしていたのであって、担当課室の職員らにおいて、意図的に隠したとまでは認められず「隠蔽行為」があったとはいえない、と結論付けた。

しかし、野党からは「虚偽申述はあって組織的隠蔽はないということは国民に分かりづらい」との追及を受ける。

ここで事務局に法律関係者を迎えた根本の決断が生きてくる。根本は、繰り返される追及に、次のように答えていく。

「組織的隠蔽の疑いに関して厳しいご批判があることは真摯に受け止めなければならない。しかし、特別監察委員会では、統計の専門家、元高等裁判所長官、弁護士等の民間有識者に参集いただくとともに、元最高検検事の方を事務局長に迎え、虚偽申述や組織的隠蔽について、法律的な観点から整理した上で、本事案における事実関係の評価を行っていただいた。こうした評価は中立的、客観的な立場から、精力的に検証作業を行っていただいた結果である。専門家に法律的な観点から整理・評価していただいた結果、『隠蔽行為』があったとはいえないとされている」

法律の専門家が、法律的な観点から検討を尽くしている意味は大きい。この事務局体制があったからこそ、根本は自信をもって答弁できたのである。

◆樋口委員長にも批判の矛先

「特別監察委員会の樋口美雄委員長は労働政策研究・研修機構理事長だ。機構は厚生労働省から運営費交付金をもらい、出向も受け入れている。（調査報告書に）厳しいことを書けるわけがない。本当に組織的隠蔽はないと確信しているのか」

野党は特別監察委員会の樋口委員長にも批判の矛先を向ける。厚労省の労働政策審議会の会長で、同省所管の独立行政法人の理事長でもある樋口委員長の下でまとめられた報告書に「客観性はない」と樋口委員長を追及する。

樋口委員長は、平成二一年から平成二六年にかけて統計委員会の委員長を務められるなど、統計の専門家であるとともに、労働経済研究の専門家でもある。

根本匠は、特別監察委員会の委員の人選を進める際、「樋口先生が適任」と委員長に委嘱するよう事務方に指示しており、「個人の資質に着目して樋口氏しかいない」との判断には確信を持っている。

しかし、野党は樋口委員長の経歴だけを取り上げて「適任ではない」「公平性を欠く」などと批判、人格を否定するような質問も飛び出す始末だ。大臣ならどのような質問にも耐えることが仕事だが、樋口委員長はあくまで民間人である。

さらに、取材競争が過熱している報道陣が問題の当事者や家族などの関係者のもとに大挙して押しかけ、強引に取材しようする「メディアスクラム」も起きていた。関係者によれば、樋口委員長が家に帰ろうにも自宅前には大勢の記者が待ち構えていて、何日も帰れないことがあったという。荒井委員長代理らほかのメンバーも、報道陣の取材攻勢に悩まされたという。

このような状況に置かれた樋口委員長に対し、根本は感謝とともに負担をおかけし申し訳ないという気持ちでいっぱいになった。無論、他のメンバーに対しても同様の気持ちである。

◆「統計法違反」ではあるが……

「総務大臣に承認を受けた以外の調査方法で調査を実施していたことは、統計法違反ではないか」

野党は、「統計法違反」についても根本を追及する。

特別監察委員会の報告書で、総務大臣に承認を受けた以外の調査方法で調査を実施していたことが「統計法第九条及び第一一条違反と考えられる」と指摘されたためである。

しかし、同条違反には罰則はない。そこで野党は、罰則のある統計法第六〇条第二号により刑事告発を行うべきだと主張した。

この条項が成立するためには、「基幹統計をして真実に反するものたらしめる」行為があり、かつ、それが「意図的である」ことが必要だ。しかし特別監察委員会の報告書では、「真実に反するものたらしめる行為」に該当するとまでは認められず、「意図的とまでは認められないものと考えられる」とされていた。

根本匠は、こうした指摘を踏まえれば、統計法第六〇条第二号の適用は困難で刑事告発はできない、と明快に答弁した。過去（昭和四五年以降）に立件された統計法違反事案は、北海道羽幌町町長らが書類送検・起訴された事案と、愛知県東浦町の前副町長が逮捕・起訴された事案の二件（いずれも市政への移行を目指していた町幹部が国勢調査の人口を故意に水増ししていたケース）だけであることを確認した上での答弁である。

このように激烈を極めた国会審議の中で、根本が感じたことが一つある。「検証委員会の報告書では不十分。更なる原因究明が必要だ」との指摘が与党内からもあったことだ。与党であっても自由な議論があるべきで、指摘自体は問題ない。しかし、深めた議論であってほしい。

「一月の報告書、二月の追加報告書をきちんと読んでいるのだろうか。どこが問題なのか具体的に指摘してほしい」

根本の率直な思いである。

◆あり得ない「官邸の関与」

ヒートアップする野党は、毎月勤労統計で「参考数値」として公表している共通事業所の賃金を実質賃金化し公表するよう主張する一方で、ローテーション・サンプリング方式の導入を巡る「官邸の関与」についても執拗に追及し始める。

「共通事業所の賃金を実質賃金化すべき」という野党の主張に対する根本の考えは終始一貫していた。

まず、「共通事業所」については、「前年同月との共通事業所群と、翌年同月との共通事業所群は異なる事業所群になるため、各月において二つの実数が併存する。同時に、前年同月との共通事業所群をみるものであるため、前月と同月では異なる事業所群となる。こうした基本的性格から、経年変化をみる指数化にはなじまない。このため、「名目賃金指数」や「実質賃金指数」は作成していない。」ということである。

次に、「統計数値に責任を有する統計所管（統計メーカー）の立場からは、統計的な分析や検討を加えることなく、たとえば消費者物価を用いるなど機械的な計算で「共通事業所に係る実質賃金」を作成・公表することは、統計ユーザーに対する責任ある態度とは言えないと考える。やるならユーザーサイドが行うことである」ということだ。

根本匠は、こうした点を入念に答弁しつつ、「専門的な観点から徹底した議論を行ってもらうことが何よりも重要」と考え、有識者による検討会議の立ち上げを決断し、担当部局に急ぎ指示する。国会におけるこれ以上の議論は堂々巡りになると考えたからで、二月二二日に「毎月勤労統計の『共通事業所』の賃金の実質化をめぐる論点に係る検討会」の初会合が開かれ、専門家による本格的な議論がスタートした。しかも、議論はマスコミフルオープン。傍聴席には野党議員もいた。

この検討会は経済学者など有識者七名で構成され、半年間で一四回開催され、令和元年九月に「本系列において時系列比較の指数として公表している実質賃金指数と同等の指標として、実質化した共通事業所の集計値を示すことは困難であり、今後とも、あくまでも当該一年間の共通事業所の賃金水準の変化の指標を参考値として名目値を示すことが適当」との報告書がとりまとめられた。

国会論戦のもう一つの焦点は、「ローテーション・サンプリング方式の導入に際し、官邸の関与があったのかどうか」ということだった。この点について、根本は知る由がない。当時の総理秘書官と厚労省の統計情報部長が参考人として予算委員会に出席、野党からの質問に当時のやりとりや認識について答弁した。

当時、厚労省の統計情報部長だった姉崎猛氏は終始一貫して「官邸の関与」を否定し続けた。

「『毎月勤労統計調査』の調査対象は、以前は二〜三年ごとに、新たに無作為抽出した事業所の総入れ替えを実施し、サンプル入れ替えによって生じるギャップ（断層）について、過去の数値を遡及して改定していたが、これが統計ユーザーにとって非常にわかりにくい等の意見がありました。私は統計ユーザーの一人として、サンプル入れ替えに伴う遡及改定について、かねてから問題意識を持っており、統計情報部長に就任して以来、改善の方策を考えたいと思っていました」

根本は、姉崎元部長の答弁を聞きながら、本心を答弁していることを確信し、大臣の感想を問う質問に「姉崎元部長の言うことに尽きる」と答える。

国会での議論を通じて判明したローテーション・サンプリング方式導入までの事実関係は、巻末の資料の通りだが、端緒は平成二六年三月まで遡る。約三年の議論を経て、平成二九年一月二七日に開催された第一〇五回統計委員会で答申が出され、この答申を受けて総務大臣から厚生労働大臣宛の通知（平成二九年二月一三日付け）により、第一種事業所におけるローテーション・

サンプリングの導入が認められる。この一連の流れをみれば、野党が追及する官邸の関与はなかったことがよく分かる（ローテーション・サンプリング方式の導入を巡る詳しい経緯は、巻末の資料②を参照）。

◆危機一髪の場面も

「あれは本当に危なかった」

根本匠が、今でもこう振り返る場面がある。二月二〇日の衆議院予算委員会だ。この日は、外交・防衛を中心とする集中審議の日だったが、野党議員の追及が緩むことはなく、危機一髪のところ、根本の機転により難を免れた。

毎月勤労統計調査では、二～三年ごとに調査対象事業所を総入れ替えするのに併せ、賃金指数などを算出するための事業所規模・産業別の労働者構成割合に基づくウェイトも更新され、過去に遡って数値が補正されてきた。しかし、これは統計利用者に分かりにくいことから、平成三〇年一月調査から、ウェイトの更新の際に賃金指数などを遡及改定しない取り扱いとしていた。

予算委員会で追及を受けたのは、この取り扱いの変更に関する決定プロセスが適切だったのか、という点だ。統計に関する重要事項は、各省庁から変更申請をし、総務省の統計委員会に諮問、審議をした上で方針を決定することになっている。この手続きを経ていないとすれば、大きな問題である。

「平成二八年に総務省統計委員会に対して行われた毎月勤労統計に関する変更の諮問に、ウェイト付けの更新の際の遡及方法の変更について諮問されていたのか」

核心を衝く野党議員の質問に、厚生労働省は直接的な想定問答を用意していなかった。

手ぶらに近い状態で答弁席に進み出た根本は、担当者と連日やりとりした内容などを想起しつつ「厚生労働省の変更申請には、標本交換（ローテーションサンプリング方式の導入）とウェイト更新によるギャップの取り扱いを一体的なものとして変更申請している」と答弁。続いて答弁に立った、統計委員会を所管する総務省の石田真敏大臣は「諮問には含まれていない」と答えた。

一見、政府の中で矛盾しているような答弁に、野党議員は追及姿勢を強めるが、根本も石田総務大臣も正しい答弁をしている。

極めて専門的なのでごく簡略化して説明するが、統計委員会のそれまでの議論では、調査対象となる標本を入れ替える際の議論として、「全数調査のように『真の値』があるものについては、それを利用して遡及改定する（過去に遡って数値を改定する）」という原則が示されていた。厚生労働省としては、（標本を入れ替える場合ではないが）ウェイトの更新の場合でも同様に、この考え方にならうのが「標準的」と考えていた。労働者数などは全数調査が存在するが、賃金については全数調査が存在しないので、「遡及改定する」という取り扱いにならないということだ。この考え方は、後に統計委員会でも標準的だと評価されている。

根本は、このことを指して、ローテーション・サンプリング方式の導入と、ウェイトの更新のいずれでも、それにより生じたギャップを補正するための遡及改定をしないことを「一体的なもの」と答えたのである。また、ギャップの補正方法自体は、統計法上諮問が必要とされる事項ではないため、この点について厚生労働省から変更申請がなかったとしても、制度上の問題は生じない。

手元に想定問答が用意されていない状態での極めて専門的な質問に対する厳しいやり取りを、統計問題に対する徹底した勉強と深い理解で乗り切った根本。政治家としての凄みでもある。

「大臣は、統計の専門的なことまで、自分など追いつかないくらい本当に勉強されていた。だからこそ、このように非常に専門的な論点での論戦を挑まれても、怯まずに反論できたのだと思う」

予算委員会の審議の際、両秘書官と共に常に根本の後ろについていた大臣官房企画官は、この時のもようをこう振り返る。

この論点については、質問主意書も何度か提出されている。質問主意書に対しては、閣議決定をした上で文書での答弁書を作成するため、一言一句隙のないものにする必要がある。作業に充てられる時間は限られているが、根本が手を抜くことはない。担当の参事官が作成した答弁案に、根本は幾度も修正を指示した。

大臣室でのこうしたやりとりがぎりぎりまで繰り返され、納得できる水準まで達すると、根本は決裁書にサインし「最後は君に任せたぞ」と担当者の努力を労った。

◆一気呵成に体制増強

統計不正問題に関する国会対応の矢面に立つ根本匠は、国会が戦場であることを改めて実感する。

大将自ら先頭に立ち、相手方と対峙する。兵は大将をしっかりと支え、総力で戦う。根本は、こんな気持ちで委員会での審議に臨むが、統計問題は事務方の〝失態〟も重なって、担当部局のスタッフだけで対応することが難しくなり、他部局から応援部隊を投入することにする。

人事異動の時期ではないため大量動員は容易ではないが、事は急を要する。

「戦力の逐次投入はだめだぞ」。統計は旧労働省の分野だが、根本は使えそうな人材なら旧厚生省出身者も投入するよう事務次官に指示、文字通り一気呵成に体制の増強を図った。

予算委員会で野党からの厳しい質問に大臣と共に答弁していたのが、統計担当の政策統括官だ。答弁資料の作成作業を統括し、早朝の大臣室で答弁資料の説明を行っていたのが、応援部隊として投入された参事官である。

この二人とは、毎日のように顔を合わせ、打ち合わせが長時間に及ぶこともある。最初の頃は「藤澤統括官」「村山参事官」と官名を付けて呼んでいたが、いつの頃からか「おい、藤澤！」「おい、村山！」と呼び捨てするようになっていた。大臣と官僚の関係とはいえ、根本が部下を呼び捨てにするのは、全幅の信頼を置く鈴木事務次官くらいで、極めて異例である。

無論、怒って呼び捨てにしているわけでもない。国会という戦場において、一人は最前線で矢面に立って闘う根本を政府参考人として補佐する側近。もう一人は、後方で武器（答弁書）を用意する重要な役目を担う部下。ともに根本には欠かせぬ存在であり、「真の同志」という信頼感と親近感が呼び捨てにつながった。もちろん総力戦なので、多くの部下が思いを一つにして支えてくれたことは言うまでもない。

◆冷静な「世論」

政権の一員としては、世論調査の結果は、常に気にかけるものである。

ただ、統計学的な手法により世論の動向を分析する世論調査が、質問の仕方や質問の表現で結果が微妙に、時に大きく違ってくることは広く知られている。

平成三一年二月。報道機関の世論調査結果は、「統計不正、政権対応『不適切』六一％」（朝日新聞）、「不正統計問題『安倍内閣に責任』約八割」（日本テレビ）などと、総じて安倍政権に厳しい内容だった。

そんな中で異彩を放ったのが日本経済新聞の世論調査結果である。日経は二月、三月と二か月連続で「毎勤統計不正で最も責任があるのは誰か」という質問項目を設け、責任の所在を具体的に問うている。

予算委員会で統計問題に対する厳しい追及が続く中、二月中旬に行われた調査結果が、二月一八日の日経新聞朝刊に掲載される。それによると、トップが「これまでの厚生労働大臣」で三四％。以下、「厚生労働省の官僚」三一％、「安倍晋三首相」一六％と続き、統計問題が発覚した時点の担当大臣である「根本匠厚労相」は三％にとどまる。

大臣として最も避けなければならないのは、この問題が政権全体への打撃になることだ。通常国会が召集され、衆議院予算委員会の審議が始まると、野党の追及で内閣支持率は低下する傾向がある。第一九八回通常国会では「統計問題」で冒頭から大荒れの展開となり、根本匠は支持率への影響を危惧したが、報道各社が調査した内閣支持率には大きく変化がみられない。

そのことが、根本の心を強く保つ要素の一つであったが、日経新聞のこの調査結果は、根本に安堵感と、誠実に説明していくことの重要性を改めて感じさせたのである。同時に、自身の責任に対する野党の追及が厳しくなるのだろう、と根本は気を引き締めて予算委員会の審議に臨んだ。

なお、日経の三月調査でも、「厚生労働省の官僚」二九％、「これまでの厚生労働大臣」二七％とトップが入れ替わったが、「根本匠厚労相」は引き続き三％にとどまった。野党やマスコミは、根本に「統計不正」批判の集中砲火を浴びせ続けていたが、世論の眼は確かなようだ。

◆衆議院を乗り切る

平成三一年度予算案は、三月一日に衆議院予算委員会で可決された。根本匠厚生労働大臣に対する不信任決議案の否決を経て、翌三月二日未明の衆議院本会議に緊急上程され、与党などの賛成多数で可決、参議院に送付された。この時点で予算案の年度内成立が確実となったのである。まだ参議院での論戦が残っているが、最大のヤマ場である衆議院での論戦を乗り切ることができたわけで、根本は密かに胸をなで下ろした。

国会答弁のために厚生労働省の事務方が用意した想定問数は、予算委員会以外も含め、二月の一か月間で約八〇〇問、参議院予算委員会が行われた三月は約六〇〇問に上り、国会での審議がいかに苛烈を極めていたかが分かる。

平日は早朝から夕方まで予算委員会の対応に終始するため、この間は、その他の政策に関する大臣への説明は、土日に職員に出てきてもらい、行わざるを得ない状況であった。根本にも休む時間はほとんどなかった。

◆「統計問題」は他人事？

「統計問題」を巡る論戦の舞台は衆議院から参議院に移るが、厚生労働省内には依然として張り詰めた空気が漂い、統計以外の部局にも「統計問題」の危機意識が共有されている。根本匠は、そう思っていたのだが、ある出来事に愕然とする。

「四〇歳以上の会社員らが納める介護保険料の徴収事務のミスで、二〇一九年度に本来徴収すべき金額に対して約二〇〇〇億円不足しかねないことが四日、わかった」（日経電子版）

依然として緊迫した状況が続く中、医療保険者が社会保険診療報酬支払基金に対して支払う介護納付金の計算に誤りがあったことが報道された。平成三一年四月四日夕刻のことだ。

四〇歳から六四歳の第二号被保険者の介護保険料は、医療保険者が医療保険料と一体的に徴収した上で、支払基金に介護納付金として納付し、支払基金が各市町村に対して交付する仕組みになっている。医療保険者は、毎年度、支払基金が設定する係数（保険料設定に用いる様々な基礎的数値）に基づき、保険料率を予算で決定している。係数の確定は年度末だが、厚生労働省は、一月から二月ごろに行われる各医療保険者の予算編成に用いることができるよう、年末に、支払基金から係数の「参考値」の提供を受け、それを医療保険者に情報提供している。この「参考値」に計算誤りがあり、各医療保険者では誤った数値で保険料を設定し、予算を組んでしまっているため、保険料が不足するおそれが生じたというのだ。

実は厚労省の担当者は一月二三日に、支払基金から「計算誤りのおそれがある」との報告を受けている。しかし、この情報は、支払基金から「確定値」の連絡があった三月上旬まで上司や省幹部に共有されることなく放置された。

根本が報告を受けたのは三月一九日。しかも、早朝の打ち合わせが終わり、閣議に出席するために大臣室を出ようとした時に、担当幹部から口頭で「介護納付金に関する計算ミスが生じております が、支障がないよう対応します」とごく簡単に伝えられただけである。一月二三日に支払基金から担当課に第一報があったことは、この時点では報告されていない。

そしてこの問題は、報道によって表面化する。

支払基金から担当課に第一報があった時点で上司や省幹部に報告せず、支払基金とのやりとりも電話だけで済ませてしまった。この初動ミスが、対応の遅れにつながり、報道に先行を許してしまったわけだが、この時点でもなお担当幹部からは危機意識が感じられない。

国会では「統計問題」を巡って衆参予算員会で激しい論戦が行われていた。厚生労働委員会でも依然として質問されている。そのような中、同じような問題が別の部署で起こっている。対応次第では、国会審議を混迷させる新たな火種となりかねない問題だが、担当幹部に緊張感が欠けているのでは、という不安感が根本には拭いきれない。

四月五日の閣議後記者会見では、はたしてこの問題に質問が集中。根本は「今回の件に対して支払基金における対応及び省内における対応を含め事実関係を十分確認したい。その上で必要な対応を行いたいと思います」と答え、しのいだ形である。

「君が自ら乗り出してやれ」。週末日曜日の夕刻、根本は担当局長に電話をし、直接こう指示する。

「統計問題」の教訓が生かされず、省全体に共有されたと思っていた危機意識が、少なくともこの部局ではいまだ共有されていないということになる。

「政策立案能力は高いのだが、どうしてこうなるんだ」

省全体を見るべき幹部がそれでどうする、統計問題は他人事なのか。「統計問題」の危機意識が他部局に共有されていない現状に、根本は厚生労働省改革の必要性を改めて痛感する。

根本の厳しい姿勢に担当局長の目の色が変わる。担当局では、事実関係を徹底して調べ、対応方針を固め、九日の閣議後記者会見で根本が表明した。

「今般の事案による健保組合等への影響を最小限にするための方策として、予備費や準備金の活用、介護保険法における納付猶予の活用、これらを組み合わせる方法により、対応できるようにしたところであります。いずれのケースにおいても、今年度の保険料水準への影響を及ぼさずに済むこととなっています。今回の事案は極めて遺憾であり、本日、私から、担当部局と支払基金の双方に対し、厳しく注意するとともに正確で丁寧な事務の遂行の徹底を指導いたしました。

一月二三日の支払基金からの第一報が然るべきレベル及び方法で報告されずに、担当者の電話のやりとりによって行われたということ。そして、それを受けた厚生労働省の担当者は、その情報を課内や局内で共有せずに、その結果参考値を修正して医療保険者に示す段取りをとることが結果的にできていなかったこと。そして、支払基金、厚生労働省の双方の担当者は、係数が年額約二〇〇〇円上がることによる保険料率への影響度を十分に認識せずに、そのため、上司や幹部にも情報が上がらなかった、この時点で今私が申し上げたような問題があったと考えております」

この対応方針をなぜもっと早くまとめられないのか。釈然とした思いが残るが、国会でこの問題について再三の追及を受けた際も、根本はこの方針を徹底して答えていく。根本の怒りと的確な指示が、信頼を失いかねない厚生労働省をぎりぎりのところで支えたのである。

五　「統計行政のフロントランナー」へ

◆改革の三本柱を示す

今回の統計問題は、統計業務に対する組織的な意識の低さが本質的な原因である。

根本匠は、「統計は、すべて国民にとっての共有財産、公共財である」と考えていた。このことを認識し、厚生労働省自身がこの事案への反省を受けて、政府全体のフロントランナーにならなければならない、と強く感じていた。

また、公的統計への信頼をはじめ、厚生労働行政に対する国民の不信感が高まる中、統計に対する意識とともに組織のガバナンスが問われていると痛感していた。

「個人レベルで法令遵守の意識を徹底することは当然、統計部門の組織や業務の改革だけでなく、厚生労働省全体が、国民の目線を忘れず、国民に寄り添った行政ができる体制を構築していかなければならないと考えていた」

根本は、通常国会が終わるや、特別監察委員会が提案した再発防止策を踏まえ、早速、次の三点を柱とする改革案の策定に取り組む。

一つ目は、統計に関する認識・リテラシーの向上（全職員に対する統計研修の実施や、他府省や民間の統計専門家などとの人事交流など）。

二つ目は、統計業務の改善（統計の調査内容の正確な公開や利用者の視点に立った統計の見直しなど）。

三つ目は、組織の改革とガバナンスの強化（統計を外部有識者により審議する仕組みの強化や民間人材の活用、内部組織の強化）。

こうした根本の意向を踏まえ、厚労省は令和元年七月に「厚生労働省統計改革ビジョン２０１９（仮称）有識者懇談会」を設置。七月二二日に開催された第一回会合の冒頭、根本は次のように挨拶した。

「統計は、過去を振り返り、今を知り、未来を見通すとともに、諸外国との比較を可能とする重要な指標です。政府の政策決定はもとより、事業者や国民の意思決定に幅広く利用され、まさに社会の発展を支える基礎であり、国民の公共財です。

厚生労働省においても、政策立案や学術研究、経営判断の基盤やその進むべき方向を示す『羅針盤』としての公的統計の重要性を再認識し、信頼できる正確な公的統計を適時適切に作成、公表していくことが必要です。そのため、厚生労働省の全ての統計を、社会の変化を適切に反映し、統計ユーザーや国民の視点に立った統計とし、また、そのような統計を作成できる組織に生まれ変わり、政府全体の公的統計を牽引する『統計行政のフロントランナー』となることを目指します。私が先頭となって、厚生労働省改革と統計改革を力強く進めていきたいと考えています」

この第一回会合には、根本の指示により特別監察委員会の荒井史男委員長代理が出席している。

有識者懇談会では、統計の哲学から説き起こして、再発防止策を議論してもらいたい。そのためには、今般の統計問題について、何が問題だったのか総括をし、有識者が共通の認識を持った上で議論を進めてもらう必要があったのだ。

「今般の不適切な取り扱いは、毎月勤労統計という重要な基幹統計をつかさどる厚生労働省の組織としての問題に帰着する部分が多く、組織としてのマネジメントの機能不全、ガバナンスの欠如などを非難し、厚生労働省には猛省を促すという強い言葉で報告書を締めくくっている」

「再発防止策の提言として、総務省あるいは政府全体として統計問題に対してどういうふうに対応していくかという検討が一方では進められている中、少なくとも厚生労働省のいわば自浄能力、自治回復能力に期待して、厚生労働省として検討してもらいたい項目を提案した」

荒井委員長代理はこう述べた上で、再発防止のために八項目の提案を行ったことを説明した。これらの問題意識、提案が、有識者懇談会での議論の出発点となった。

◆「統計改革ビジョン2019」打ち出す

有識懇談会は約一か月の間に合計三回の議論を行い、八月二〇日に「厚生労働省統計改革ビジョン2019」の策定に向けた提言をとりまとめた。この提言では、統計に関する基本哲学について、次のように記載されている。

「『政府統計の構造改革に向けて』（平成一七年六月一〇日内閣府経済社会統計整備推進委員会）に

もあるように、統計は、人口、経済、社会等に関し、その集団の状態を客観的に把握することで、国や社会の姿を映し出す『鏡』となり、マクロの視点に立って進むべき方向を示す『羅針盤』ともなるものである。他方で、統計は、経済や社会の内部構造に迫り、そのメカニズムを解明する『内視鏡』とも言うべき機能も有している。

実際、平成一九年の統計法の全面改正に伴い、公的統計は『国民にとって合理的な意思決定を行うための基盤となる重要な情報である』と定義し直され、それを司る統計法は『国民経済の健全な発展及び国民生活の向上に寄与することを目的』とすることとされた。すなわち、統計情報は、国民から負託された『財産』であり、それを直接利用している政策担当者や研究者、事業者だけのものではなく、すべての国民にとっての共有財産であり、『公共財』であることを認識しなければならない」

同懇談会の提言を受け、厚生労働省は八月二七日、統計改革の羅針盤となる「厚生労働省統計改革ビジョン２０１９」を策定した。

このビジョンは四つの章で構成され、第一章には、提言（案）を受けた「統計改革ビジョン２０１９」の基本的な考え方として、統計情報は国民から負託された「財産」であり、科学的な証拠を重視する政策運営（証拠に基づく政策立案＝ＥＢＰＭ）を推進するとともに、統計の利活用を通じて統計の質を向上させていくこと、また、統計の使用や品質に関する情報の開示は、適切な利用や利用者からの信頼確保に不可欠なものであり、透明性の確保を図る必要があることが述べられている。

第二章では、総務省統計委員会や統計改革推進会議などの政府全体の見直しと整合性をとりつつ、日本統計学会や社会調査協会などの各種の指摘や提言についても幅広く取り組むこととし、再発防止策として、「組織の改革とガバナンスの強化（組織改革・相談窓口の確立、外部有識者の積極的な活用、統計部門のリソースの拡充）」「統計業務の改善（統計ユーザーの視点に立った情報公開、適正な業務ルールに基づく業務の遂行、システムの見直しなど）」「統計に関する認識・リテラシーの向上（研修の実施、人事交流の推進、統計職員のキャリアパス形成の見直し）」の三つが挙げられている。

さらに、第三章では、「統計行政のフロントランナー」を目指した取り組み、つまり単なる再発防止策等に留まらない、政府全体の取り組みの方向性に即して、一歩でも二歩でも前に進めるための取り組みが掲げられている。

速やかな実施が求められる取組として、個票データの一層の有効活用に向けた取り組みの推進やＥＢＰＭの推進（省内にプロジェクトチームを設置し、ＥＢＰＭの実践を通じた統計の利活用の促進）などが、中長期的な観点から検討する取り組みとして、データ利活用検討会（仮称）の設置及び検討や分析・政策立案機能の強化に向けた組織機能のあり方の見直しがこれに当たる。

最後の第四章では、「統計改革の推進体制、ビジョンのフォローアップの詳細」ということで、工程表を作成し、継続的に改革の進捗管理を行うこと、また、学識経験者等による常設の検討会の設置を検討することが記載されている。

この「厚生労働省統計改革ビジョン２０１９」の着実な実施を通じて、厚生労働省は一刻も早く国民の信頼を回復し、「統計行政のフロントランナー」にならなければならない。

第三章　厚生労働省改革に挑む

一　厚生労働省を変える！

根本匠は、はじめから厚生労働省改革をしようと思っていたわけではない。日々一つ一つの仕事をこなしていく中で、国民生活に最も密接な厚生労働行政を進めていくためには厚生労働省改革が必要不可欠である、との思いが強くなっていったという。

厚生労働省改革について、根本が考えていたのは次の三点である。

まず、心構え。何よりも、職員一人一人が自らを鍛え研鑽する。これが改革の大前提である。とりわけ、幹部職員には常にこのことを意識してもらいたい。そして、幹部が日々の実践の中で、職員たちに伝えていく。これが重要である。

そして、国民に寄り添う。国民生活に身近な厚生労働省には、豊かな感性と相手の立場になって考える、関係者への配慮が必要不可欠なのだ。

二つ目は、仕事の進め方。事務方は、プレゼンテーションソフト「PowerPoint（パワーポイント）」で作成したきれいな資料で説明してくれる。一見、分かったような気にさせるが、どこからどのように読んでいけばよいか分かりにくい。説明に必要なのは、見た目のきれいな資料ではなく論理である。相手に自分の言葉で説明できるか、言い換えれば「そのまま人に説明してもわかる資料」であり、それが根本の言う「論点ペーパー」だ。

根本は、若手職員とのブレーンストーミングを大事にする。自由で柔軟な発想からアイデアが浮かぶことがあるからで、根本自身にも、若手職員にとってもプラスになる。

国会の委員会審議当日、根本は早朝の大臣室で担当部局が作成する答弁案に目を通し、内容が不十分な場合には修正を指示、自らも答弁案に手を入れる。時間がない中での修正指示には閉口する職員もいたはずだが、国会審議の前線に立つ臨場感を共有しながら、野党の追及に耐えられる答弁案をつくっていく作業をすると、かなり鍛えられるものである。

そして三つ目が、組織の在り方。根本は、まず大臣直属のブレーンとして五人の参与を外部から登用した。

また、膨大な範囲の厚生労働行政に目を配り、丁寧に大臣の考えを伝えていくには、二名の事務秘書官だけでは不可能である。「第三の秘書官」を起用するなど、「大臣と同じ目線、視点」で想定問答などをチェックできる体制を整えた。それが「大臣官房総括調整室」となって組織にビルトインされることになった。官房機能の強化は、常に国会審議の矢面に立ち、幅広い課題に対応していかなければならない厚生労働省にとって必須と考えた。

「統計問題」への対応については前章で詳述したが、統計部門だけでは到底乗り切れるものではない。根本は、一気呵成に体制を増強することで危機を乗り切った。

「戦力の逐次投入はだめだ」。ただでさえぎりぎりの人員で仕事をしている。問題が生じた時には、対応できる体制を一気に整えなければ、傷口が広がるだけである。

本章では、厚生労働省改革に関するいくつかのトピックを取り上げるが、厚生労働省改革は第四章で詳述する「論点ペーパー」をはじめ、本書全体にわたり随所で紹介している。厚生労働省改革は、大臣としての日々に通底する根本の眼差しだったということができる。

二　官房機能を強化せよ

◆「第三次防衛ライン」

「霞が関の中で最も仕事量が多く、最も忙しい」と言われているのが厚生労働省である。

第一章で述べたが、厚生労働省の所管は、健康、医療、年金、福祉、介護、障害者、子ども・子育て、雇用・労働など多岐にわたる。連日のようにニュースが流れる児童虐待やひきこもり、自殺、女性活躍、セクハラ・パワハラ、外国人労働、麻薬や覚醒剤など違法薬物の取り締まり、戦没者の遺骨収集も厚生労働省の担当である。

それだけではない。「人手不足」や「多忙」を言い訳にするわけにはいかないが、厚生労働省では毎年といっていいほど世間の耳目を集める出来事も起きる。「消えた年金」記録問題（平成一九年）、労働者派遣法改正案の条文誤り（平成二六年）、医療介護総合確保推進法案の本会議配布資料誤り（平成二六年）、年金個人情報流出事件（平成二七年）、年金（振替加算）支給漏れ問題（平成二八年）、裁量労働制調査データ不備問題（平成三〇年）等々、看過できないミスや不祥事がしばしば発生し、根本匠も厚生労働大臣として「統計問題」にかなりの労力と時間を費やすこととなった。

毎週火曜日と金曜日の閣議後に行う厚生労働大臣の定例記者会見は、質問のネタに事欠かない。記者たちが様々な政策課題について脈絡なく次々と質問をぶつけてくる。

「毎月勤労統計の特別監察委員会についてなのですが……」

「今日、水道施設運営等事業の実施に関する検討会が初めて開催されますが……」

「共通事業所系列の検討会を立ち上げなければならないということですが……」

「ＣＡＲ‐Ｔ療法のキムリアが厚労省の部会で了承されましたが……」

これに不祥事が重なれば、記者会見室は収拾が付かず、ちょっとした戦場になる。

以前ならこうした細かい行政案件は事務次官会見で対応していたが、民主党政権下で事務次官会議が廃止されて以降、記者会見も行われなくなっており、大臣会見で対応せざるを得なくなった。

一方、国会では、野党議員が厚生労働大臣から「虚偽答弁」や審議中断の材料を引き出すべく、手ぐすねを引いて待つ。

「第三次防衛ラインでようやく食い止めている」

根本匠は、よくこんなことを口にする。事務方が作成する答弁案の詰めが甘く、「これではとてもじゃないが、（記者会見や国会審議で）使えないぞ」と何度も修正を指示することがあり、そんな時に「第三次防衛ライン……」をつぶやきたくなるのである。

第一次防衛ラインは課長クラス、第二次防衛ラインは局長クラス。せめてそこで食い止めないと、大臣である根本が「第三次防衛ライン」として守りの盾にならなければならない。

厚生労働大臣は、テレビ中継が入り気が抜けない予算委員会や、専門性を競い合うような質問の連続の厚生労働委員会など、国会論戦では常に前面に立つ。最前線にいると、感性は自ずと鋭くなっていく。

根本は、その鋭い感性で、早々に巨大官庁・厚生労働省の〝弱点〟を見極め、自ら先頭に立ち厚生労働省の改革に取り組む。

◆「第三の秘書官」を起用

厚生労働省の政策分野は、前述したように広範にわたっており、しかもそれぞれの行政分野の重要度が増すとともに相互調整の必要性も高まっている。最終的には大臣の下で政策調整が行われることが必須である。

ところが、大臣を直接補佐する専属のスタッフとしては、事務取扱の秘書官が二名いるだけだ。厚生労働行政全般を俯瞰し、大臣の目線で的確に指摘、指示、助言できる直属のスタッフがそばにいないのはおかしい。根本匠は大臣就任早々、巨大官庁・厚生労働省の〝弱点〟は官房機能にある、と見抜く。

そして三週間後、第一九七回臨時国会が始まると、〝弱点〟が露呈する。

次章で詳述するが、厚生労働省の事務方は国会が召集されると、委員会での論戦に備え「想定問答」の作成に着手する。野党議員の質問攻勢に大臣が立ち往生したり、審議中断に追い込まれたりしないよう質問内容を想定して答弁案を作成しておくわけである。

どんな質問にも対応できるよう大量の想定を用意するが、大半は「問」と「答」が一対一になっていて、予測した「問」に対する直接の「答」しか書いていない。こうした単線型の答弁案には、決まって根本が「これでは不十分」と駄目出しをする。質問に対する直接の答弁だけだと、政府側の趣旨や本当にやりたいことを十分に説明できず、野党側に付け入る余地を与えかねないからだ。

答弁案を作成した担当者が勉強不足や経験不足の場合もあるが、理由はそれだけではない。しっかりした答弁案を作成するには、担当外のことについてもある程度把握している必要があり、省全体の立場で厚生労働行政全般を俯瞰できていないと答弁書の作成が難しい場合もある。

本来ならば、大臣官房がその機能を有しているはずだが、巨大官庁故にそこまで手が回らない。大臣専任のスタッフも前述したように二名の秘書官だけである。

そこで根本は、事務次官の鈴木に対し、厚生労働行政全般を俯瞰し、大臣の目線で的確に指摘し、指示や助言ができる「第三の秘書官」を付けるよう指示、官房総務課の企画官が兼任で大臣の補佐役を務めることになる。

結果はどうか。大臣直属のスタッフが一人増えるだけで効果覿面。大臣室での打ち合わせは捗り、答弁書も以前とは比べものにならないほどブラッシュアップされていく。

厚生労働行政には、社会保障改革や生涯現役時代の雇用改革など、経済財政諮問会議や未来投資会議など政府全体で議論しなければならない重要課題が山積している。こうした課題に取り組むには、幅広い視点から助言してくれるブレーンが必要と判断、政策の企画立案や広報戦略などを補佐する五名の政策参与を外部から登用したことは第一章で述べた。これも、根本が取り組んだ厚生労働省改革の一環である。

◆人づくりも厚生労働省改革

写真やグラフなどを取り込んだ見栄えのするスライドを簡単につくれるプレゼンテーションソフト「PowerPoint（パワーポイント）」は、霞が関でも説明資料を作成する上で必須のアイテムになっている。前述したように厚生労働省でも、大臣への進講（大臣レク）には必ずといってよいほどパワーポイントで作成した資料を用いる。

しかし根本匠は、復興大臣の頃からこの説明の仕方には疑問を持っていた。一見、分かったような気にさせるが、どこからどのように読んでいけばよいか分かりにくいからだ。説明役の職員の説明も分かりにくく、パワーポイントを使いこなせていないのでは、と感じることもある。

説明に必要なのは、カラフルな資料ではなく「論理」である。言い換えれば、それを読めば腑に落ちる論理的な説明文であり、根本の言うところの「論点ペーパー」だ。

次章で詳述するが、根本は重要な政策課題について検討する際、担当者に「論点ペーパー」の作成を指示する。このペーパーには、基本的考え方や論点、予算事業の概要、根拠条文、海外の事例・動向などの情報を網羅。どんな質問にも対応できるようにするのが狙いで、「匠方式」として省内に浸透していく。

「この問題の本質は何だ？」

新しい政策課題や解決策が見出しにくい案件について事務方と議論をする際、根本は担当者にこう問いかける。本質を見極めることで問題点がクリアになり、具体的な施策や対応策の方向性が見えてくるからである。

根本は、幼児教育・保育無償化や障害者雇用促進、就職氷河期支援など様々な政策課題について担当職員らと根本流のブレーンストーミング「バトルトーク（闘論＝激しい議論を意味する根本の造語）」を行い、大臣である根本との間で上下なく意見やアイデアを出し合うなど自由闊達な議論を繰り広げた

根本は、局長ら幹部職員だけでなく、「大臣室に入ったら職階は関係ない、皆で議論しよう」と若手職員の意見にも耳を傾けた。未来イノベーションワーキンググループ（ＷＧ）の事務局を務める若手職員たちとも長時間議論するなど、若手職員との議論の機会を大事にした。議論を重ねながら若手の政策立案能力を磨き、新しいことに挑戦するのを応援する、というのが根本の官僚育成手法である。

総理大臣補佐官時代など、かつての「匠フォース」に集った若手官僚たちは、根本とのバトルトークで鍛えられ、それぞれの官庁において有能な幹部へと成長を遂げている。根本は、厚生労働省でも「自分を磨け」と若手の育成に力を注いだ。人づくりも、根本にとっては厚生労働省改革の一環である。

◆「大臣官房総括調整室」を新設

就任直後の第一九七回臨時国会において厚生労働省の事務方が大臣である根本匠の答弁のため

に用意した想定問答数は五三九本。それが年明け平成三一年一月二八日に召集された第一九八回通常国会では、想定問答が臨時国会の六倍近い三一一三本に膨れ上がった。衆参の厚生労働委員会だけでなく予算委員会でも「統計問題」が大きな焦点となり、担当大臣の根本に質問が集中したからである。

通常国会が「統計問題」で大荒れの展開となることは、メディアの報道ぶりや野党の反応から予想されていた。

このため根本は、「大臣と同じ目線、視点」で施策や想定問答のチェックできる大臣直属のスタッフ体制を強化するよう事務次官に指示、既に補佐役を務めている官房総務課企画官のほかに大臣官房の総括審議官も兼任の大臣スタッフとして根本を補佐することになる。

彼らは、早朝の国会答弁の打ち合わせや重要案件の大臣レクには必ず同席し、「これでもつのか」という視点から担当部局に的確に指摘していく。時間がない場合や大臣の了解が得られず膠着状態に陥っている時などは、彼らが答弁案を加筆・修正し、「論点ペーパー」を作成することもあった。

「統計問題は、この体制がなければ乗り越えられなかったかもしれない」。根本はこう述懐する。官房機能の強化は、このようにアドホック（臨時的）な対応として行ってきたが、これを正式な体制として構築しなければ、組織のガバナンス強化は根付かない。

そこで根本は、「大臣を直接補佐する組織」を設けるよう指示。令和元年夏の人事に合わせて、

「大臣官房総括調整室」が新設された。室長は大臣官房総括審議官が務め、室長代理として二名の参事官を配置することとし、実力のある課長クラスが起用された。

総括調整室の役割は、大臣の視点に立って政策の指示や助言を行う「大臣視点での政策ガバナンスの強化」、大臣答弁の作成に係る指示・助言など「国会対応の強化」、「政策発信に関するガバナンスの強化」など幅広く大臣を補佐することになる。

「統計問題」で問われたのは、厚労省の危機管理である。他部局も危機意識を共有し、省全体として対応できるようにするには要となる組織が必要で、今後は大臣官房総括調整室がその役目を担うことになる。

時代の要請に応える政策能力の向上も、厚生労働省改革を進めていく上で課題の一つだった。厚生労働行政は幅が広く、各部局にまたがる。就職氷河期世代支援のように、厚生と労働の分野間の連携が必要な政策課題も多く、こうした課題に取り組むには「政策統括機能の強化」が必要である。

夏の人事異動では、社会保障と雇用労働にまたがる横断的政策課題に対応できる体制を整備した。いわば、政策立案における内閣官房と各省庁の構造を、厚生労働省内にも取り入れることとした。

夏の人事では、同時に、厚生労働省改革の具体策を検討・実施し、その進捗管理を行う組織として、事務次官をトップとする「厚生労働省改革実行チーム」を設置した。単にああしろ、こうしろと言うだけではなく、実際に動くための仕組みまでしっかりと用意する、これも根本のスタイルである。

改革実行チームは、令和元年一〇月から始動、下部組織として「改革具体化タスクフォース（TF）」が設置された。このタスクフォースには、課長補佐以下の若手で構成する「厚生労働省改革若手チーム」のメンバーも加わっているが、「若手職員を中心として、職種横断的に声を吸い上げ、これを業務改善につなげていく仕組みを組織の中にビルトインしたい」との根本の意向を踏まえたものだ。

三　組織定員問題で直談判

◆霞が関の常識を覆す

中央官庁の組織・定員要求は、通常、新しい業務の増大に応じた組織の新設や定員増を要求するものである。

一方、既存業務の増大については、他の分野との調整で省内において対応するのが立て前。そうした状況を揶揄し、「根雪は変わらない」と言ったりすることもあるが、厚生労働省の場合、既存の業務量が省内でやりくりできるレベルを超えて膨れ上がっている。根本匠も、児童虐待問題への対応などを通じて、厚生労働省の〝人手不足〟が許容範囲を超えていることを実感する。

悲惨な事件が起きるたびに追加の調査や対応策の検討など、担当部局が対応すべき業務は雪だるまのように膨らんでいくが、職員の数は増えない。もともと職員が足りていないのに仕事だけが増えていく。根本が、平成三一年度（令和元年度）の組織・定員要求で既存業務の業務量増大に対応する定員増の要求にこだわったのは、この点が厚生労働省の人手不足の本質であると考えたからだ。

平成三一年度（令和元年度）は、内閣総理大臣が示す人件費予算の配分方針について五年に一度の改定年に当たる。厚生労働省はどのような要求を行うのか。根本は、人事課が作成した資料に目を通すが、〝満額回答〟を目指そうという意気込みや迫力を感じさせない。分析が弱く、厚生労働省の事務量が省内でやりくりできるレベルを超えていることをアピールできていないのだ。

「これで説得できるのか？」

根本は、三度にわたって説明資料の作り直しを指示する。自らも歴代の厚生労働大臣や古川貞二郎氏ら事務次官経験者と相次いで面談、この問題への意見を求めると、異口同音に「人手が足りない」との答えが返ってきた。

準備万端。根本は完璧な理論武装をした上で、自ら行政改革・国家公務員制度担当の宮腰光寛《みつひろ》大臣に「直接要求方針を説明する」と言い出す。

霞が関の常識で考えれば異例のことである。

「既存の業務に対する組織・定員要求の方針を変えなければ、厚生労働省の人手が足りない状態は未来永劫続く」

事務方は怯んだが、根本の気持ちは揺るがない。七月二日、直談判のため宮腰大臣の下に乗り込む。

そして、その成果は、七月三一日の内閣総理大臣決定（「令和二年度内閣の重要課題を推進するための体制整備及び人件費予算の配分の方針」）に表れる。これまで「既存業務の増大への対応は各府省内の定員の再配置により対処する」とされていた部分が「原則として各府省内の定員の再配置により」と改められた。新たに追加された「原則として」の記述は、例外として厚生労働省を念頭に置いたものである。

業務の増大に対し各省内の定員の再配置で対処しなくても良い道が開かれることとなった。政治家としての根本の行動力が、霞が関の常識を覆したわけである。

その後も、根本が敷いたレールに沿って物事は進む。令和二年度の組織・定員要求の査定で、厚生労働省の本省内部部局の定員は、ネットで一五二人増加し、前年の七三人から倍増となった。この増加分は、中央省庁の一部局全体の定員数に匹敵する規模だ。まさに根本の執念で「根雪」が動いた瞬間である。

直談判の成果は、定員増にとどまらない。児童虐待防止対策では、地方自治体や関係省庁と連携して総合的に対策を進めるための「企画官」の設置が認められた。そして、根本が心血を注いだ厚生労働省改革を永続化させるため、人事課に〝根本イズム〟の継承組織とでもいうべき、業務改革推進のための「特別部隊」の設置が認められた。ここまでやれば、根本の思いは、事務方にも通じるはずである。

「自分たちだけでは超えられると思ってもみなかったハードルを、根本大臣が先頭に立たれたことで超えることができた。職員にとって根本大臣は恩人だ」

令和二年度の組織・定員要求を担当した大臣官房の中堅幹部は、こう語っている。

四　人材確保にも力を入れる

◆挑戦者よ、来たれ！

毎年夏、国家公務員の総合職合格者の官庁訪問がある。厚生労働省は業務の忙しさから学生の間で「強制労働省」「拘牢《こうろう》省」などと揶揄されることもある。根本匠が懸念したのは、統計問題であれだけ批判された直後なので、厚生労働省の門をたたく若者が少なくなってしまうのではないか、ということだった。

根本は、機会があれば中央官庁を志望する学生に呼びかけてみたいと考えていたが、採用チームの若手職員から、翌週から官庁訪問が始まることを耳にする。

「最大のチャンスだ」

官庁訪問を控えた令和元年六月二一日、根本は自らの思いを込め、「挑戦者よ、来たれ！」と題するメッセージを厚生労働省のツイッターなどで発信、「『よりよい日本をつくりたい』と思う方はぜひ門を叩いてたたいて」と学生たちに直接呼びかけた。

＊＊＊

挑戦者よ、来たれ！


国家公務員総合職試験合格者を対象とした官庁訪問が二六日から開始されますが、国家公務員を目指す皆さんに、厚生労働大臣根本匠からメッセージをお伝えしたいと思います。

ご存知のように日本はいま、少子高齢・人口減少社会に直面しています。これは皆さんだけでなく、将来の世代にも関わる重大な課題です。国民誰もが、より長く、元気に活躍できて、全ての世代が安心できる社会の実現が必要です。

その中で、厚生労働行政の使命は何か。

厚生労働行政は、国民生活のほぼすべての場面を支えています。社会保障は、「成長と分配の好循環」の構造のど真ん中にあり、働き方改革は「一億総活躍社会」の基盤です。児童虐待の防止、就職氷河期対策、健康寿命の延伸など、一つひとつの政策課題は、重く、深い。厚生労働行政は、ミクロの国民生活、マクロの社会・経済の両方に広く関わっています。令和の時代で最も重要な行政分野になっていくと思います。

厚生労働行政は、現場第一主義です。現場に出向き、現場の空気を感じ、現場の課題を吸い上げ、それを施策に反映する。国民一人一人の生活を思い描きながら、課題に立ち向かうことができます。

私は、厚生労働行政は、ウィングを広げ、霞が関の行政を牽引すべきだと思っています。たとえば、農業と福祉の連携（農福連携）。高齢者や障害者、生活困窮者の生活と住宅施策の連携。児童虐待や子どもの貧困の対策と教育行政の連携。厚生労働省は、広い視野で、柔軟な頭で考えられる人材を求めています。

決して簡単な挑戦ではありません。「仕事が大変」という印象が強いことも承知していますが、業務革新に向け、よく考え、前向きな提案をしてくれる若手職員もいます。私は、そのような厚生労働省の若手職員の風土を、頼もしく思っています。そして、その想いに応えたいと考えています。

「疾風に勁草を知る」

私の好きな言葉です。

誰もが、最初から「勁草」であるわけではありません。お互いに高めあい、「勁草」になっていく、そんな厚生労働省でありたいと思っています。

人の暮らしを支える。そんな厚生労働省のミッション、想いに共感し、自分の力を新しい社会を創る政策に活かしてみたいと思う皆さん。厚生労働省の門を叩いてくれることを期待しています。

◆過去最多「三六人内定」

令和二年度入省予定の総合職の内定者数は、過去最高の三六名となり、女性比率も四割を超えた。採用チームから「内定者三六名」の報告を受けた時、根本匠は大いに喜んだ。

厚生労働大臣になる前に自民党の憲法改革推進本部事務総長として「改憲四項目」をまとめる際に九州大学の井上武史准教授（当時）から意見を聞いた縁で、井上教授のゼミの学生と憲法に関して約一時間議論を交わしたことがある。

厚生労働大臣就任後、しばらくして井上氏が「ゼミの学生に話を聞かせてほしい」と学生らを伴って来訪。大臣室で二〇分ほど懇談したあと、一人ずつ握手を交わした。その中の一人が「厚生労働省を志望している」と井上氏から聞かされ、根本は学生の熱意を感じ「頑張れ」と激励した。

閑話休題。厚生労働省の総合職の官庁訪問は、企画官クラスの職員を中心に、補佐や係長クラスから二〇名程度が採用チームを形成し、官庁訪問者の面接、評価、選抜を行う。志望先を絞り込めず迷っている学生を口説き落とすのも採用チームの仕事である。普段の仕事とは別の熱さのある仕事なのだ。

官庁訪問に先立つ六月一九日、厚生労働省採用チームの「決起集会」に根本が飛び入りで参加した。政務の予定が入っているので三〇分程度で退席する予定だったが、秘書官が「そろそろ出ないと」と声をかけても、根本は、全員のテーブルを回るまで席を立とうとせず、滞在は一時間半を超えた。

決起集会に参加した係長クラスの女性職員によれば、根本は「一人一人のチーム員と言葉を交わされ、厚生労働省の職員体制に対する思いや、ご自身の就職活動時の話などをしてくださった」そうで、退出する際には「素晴らしい人材が採用できるよう期待している！」と激励、「大臣に背中を押していただいたことで、チーム全体が身の引き締まる思いで職員採用に臨むことができた」という。

根本の人柄が滲み出るエピソードである。

五　改革を担う若手の声

◆核心衝く緊急提言

厚生労働省改革を進めるにあたって若手の率直な意見を聴くため、厚生労働省は根本匠の指示で「厚生労働省改革若手チーム」を設置する。平成三一年四月二五日に発足したこのチームは、二〇代から三〇代の若手職員三八名で構成されており、根本は自由な発想と現場に根ざした感覚を持つ若手職員にも改革の具体な検討を託したのである。

そして四か月後の令和元年八月二六日、根本は「厚生労働省改革若手チーム」から緊急提言を受け取る。同チームは、事務次官から新人職員まで二四三名との対話・ヒアリングや、二度のアンケート（第一回一、〇六五名／第二回一、二〇二名）を通じて職員の声を集約。さらには、他省庁や企業、有識者、厚労省OBなどからも意見を聴取、内外の意見を踏まえて緊急提言をまとめた。

提言のトップは「一」ではなく「〇」。〇番、つまり最優先の提言として「厚生労働省の職員の増員」を挙げた上で、①生産性の徹底的な向上のための業務改善、②意欲と能力を最大限発揮できる人事制度、③「暑い、狭い、暗い、汚い」オフィスの改善、三つを改革の柱に掲げた。業務の集約化・自動化・外部委託、適切な人事配置・人事評価・人事異動……。いちいちもっとな提言内容である。根本は厚労省改革の核心を衝く緊急提言を一つひとつ頷きながら読み進めた。

組織の実態を赤裸々に描いたセンセーショナルな内容を含んでいたため、幹部の中には「こんなものを表に出していいのか」と心配する向きもあったが、根本に提言内容を説明した課長補佐によれば、「このまま公表し、世に問うべきだ。ここをスタートラインとして、厚生労働省改革を進めよう」と力強く後押ししてくれたという。

緊急提言の中には即実現というわけにはいかない課題も山積しているが、根本は「直ちに実行できるものは実行せよ」と事務方に指示した。その一つが「厚生労働省が魅せる、オフィス改革」である。

ある職員が自分のデスク周辺の室温を計ったところ「三二・八度」を記録、廊下の明るさを調べたら蠟燭以下だったという。これほどまでに劣悪なオフィス環境では、生産性が向上するはずもない。すぐに改善が図られ、根本は九月一〇日の記者会見で、冷房運転の柔軟化と廊下照明の改善を公表した。

「提言には、多くの改善事項が盛り込まれている。着実に実現し、能力のある若手が生き生きと働ける職場になってほしい」

根本は翌日、そう言い残して厚生労働省を去る。

◆子育て女性職員の声を聴く

令和元年八月。根本は、厚生労働省で働く子育て中の女性職員七名と懇談した。二〇代後半から三〇代の、課長補佐や係長の役職にある職員たちである。

この世代の厚労省の職員は、仕事面では求められる役割が大きくなり、スキルアップする時期にある。一方で、子どもはまだ小さく、仕事と子育ての両面で負担が大きい時期でもある。彼女たちの話は根本が思っていた以上に内容が深く、感銘を与える。

夫婦の役割分担や実家の支援など子育てを巡る環境も、仕事に投入できる時間も様々である。勤務時間の制約なども人それぞれだが、多くの女性職員から、厚生労働省の仕事にやりがいを感じていること、そのやりがいが原動力となって仕事をやりくりして働いていることが語られた。

中には、「限られた時間で効率的に仕事をする必要があるため、むしろ生産性が上がった」、「子育てをしていなかった頃はだらだらと仕事をしていたように感じられる」という声もあった。

他省庁に出向している職員によると、テレワークに対応できるネットワークシステムがなく、厚生労働省の方が進んでいるという。厚生労働省が仕事と育児の両立に積極的に取り組んでいる証左の一つであろう。

様々な意見が出されたが、多くの職員が口をそろえたのが「やりがい」と「定時で帰れるような働きやすさ」の両立だ。法改正や大きな制度改正の検討など「やりがい」のある仕事は長時間労働になりやすく、「働きやすい」仕事は「やりがい」が今一つということになりがち。そんな中、「やりがい」のある仕事を時間的制約があってもこなせる工夫が必要だということだった。そして、自分たちよりも若い職員が思い詰めないように、自分たちの世代が語っていかないといけないとも語る。最大の課題は、男女ともに生産性を上げること。子育て中の女性職員だけが配慮されるのは長続きしない、ということだ。

厚生労働省は、女性にとっても男性にとっても「やりがい」と「働きやすさ」を両立できる職場でなければならない。頼もしい彼女たちの話に感激しながら、根本はそう感じていた。

一方、出席した課長補佐級の職員は、こんな感想をもらしている。

「大臣には、我々職員の率直な意見や悩みに真摯に耳を傾けながら積極的に取り組む意向をお示しいただき、非常に心強く感じた。生の声、現場の声を大事にするという制度づくりの基本を、ご多忙な中でも常に意識して実践をされていることに感銘を受けた」

根本にとっても女性職員たちにとっても、密度の濃い、実りある懇談だったようだ。

六　幻の「改革本部」

組織改革に取り組む場合、たいていは「改革本部」を設け、仰々しく検討に入る。外部の有識者に意見を求める場合もある。

根本匠も、最初はそんなイメージで厚生労働省改革に取り組もうと考えていた。頭の中には有識者の名前も浮かんでいた。しかし、その一方で、「改革本部」のように大上段に振りかぶる必要があるのか、との思いもあった。しかも国会が開会中である。

どのように進めるのが最善か。根本は、「形から入るのではなく、いかに政策を前に進められるのか」という視点で改革の進め方を考えた。

具体的な改革を、コツコツと積み上げていく。そして、最終的に「これが厚生労働省改革だ、その完成形だ」と、胸を張って言えるようにする。根本は、そういう手法を採ろうと決意する。地道に、着実に実績を積み上げていこうというわけである。

最初に描いた「改革本部」構想は幻となるが、根本が取り組んだ一つひとつの改革の積み上げが、「新しい厚生労働省」をつくり上げたことは紛れもない事実である。

厚生労働省改革への思い――分割論を超えて

厚生労働省の改革に向け様々な手を打ってきた根本匠。その思いをこう語っている。

＊　＊　＊

厚生労働行政は、国民生活に密着している。私がかつて厚生政務次官を務めていたときの担当は厚生分野だけだったが、二〇〇一年の中央省庁再編で厚生労働省が誕生した。今回、厚生労働大臣として労働分野も担当し、厚労行政が国民生活のほぼ全ての場面に関わっていることを実感した。

厚労省の業務内容は高度かつ複雑になり続けている。なぜか。国民生活の多様化、少子高齢化など変化する時代の要請に常に応え続けているからである。その結果、業務量は増えることはあっても減ることはなく、まさに右肩上がり。一口に「児童虐待」といっても、以前とは比較にならぬほど問題が多種多様で広い範囲に渡っており、業務量は増える一方だ。

私が既存業務の業務量の拡大に対して定員を増やさなければいけないとこだわったのは、まさに時代の要請の拡大こそが厚労省の人手不足問題の本質だと判断したからである。

さらに、厚労行政には、循環器病対策や死因究明、旧優生保護法による強制手術を受けた方に対する一時金の支給など、重要な議員立法も多い。こうした立法府が求める分野への対応も必要になっている。

しかし、厚生労働省の政策面での最も重い課題は、少子高齢化の中でいかに中長期的に社会保障制度を持続可能にするかだ。社会保障制度は不断に見直し続けなければならない。就職氷河期世代の活躍支援や地域包括ケアの推進、「８０５０問題」やひきこもり問題など時代や社会の要請は次々と生まれ、迅速に対応してきたが、厚労省だけで解決しない分野横断的な課題も多く、厚労行政のリーダーシップは省内に対してだけではなく今や霞が関全体を視野に入れることが求められている。

厚労行政の拡大や業務量の増加は、裏返せばそれだけ厚労行政が国民生活に密着しており、期待値が高いということでもある。

◆ガバナンスを強化

私は厚労省の改革には三つの柱が必要だと言い続けてきた。

一つは、組織のガバナンス強化だ。大臣になって痛感したことは官房機能が弱いことだ。国民の関心が高く、政策への期待値も高い厚労省は、野党を筆頭に常に国会で追及や問題提起を受ける省だ。一挙手一投足が日本全体を揺るがす問題に波及することもある。それだけ注目を集めている省だからこそ、その場面ごとの対応に力を入れざるを得ないことは分かる。

だが残念ながらこれまでは組織内部のマネジメントが十分に働いているとは思えなかった。省として窮地に立たされ信頼をいかに得るかが大事な局面だと客観的に見える状況であるにもかかわらず、関係部局から省としての危機感が伝わってこないことも多々あった。九〇年代後半から「政治主導」という言葉が広がり、官僚（政府参考人）による答弁は減って閣僚答弁が急増した。いまは国会答弁や記者会見で最前線に立つのは閣僚だ。私も様々な局面で「これで大臣が本当に戦えると考えているのか」と、幹部職員に問うてきたが「大臣に傷がつかないようしろ」という訳ではもちろんない。「オール厚労省」として、官僚一人一人が常に「省を代表して考え、動く」ことが不可欠だと思ったからだ。個々の対応が厚労省全体の置かれた状況としてふさわしいのか、厚労行政ひいては日本の社会保障を支える立場からみて十分なのか、そうした緊張感を持って物事を考えてほしい。

人間同士でつくられている組織だからミスを完全に防ぐことは不可能だ。だが一方で官僚機構には公僕としてどうしても無謬であることが求められる。国民の期待との折り合いをつけるなら、最低限問題が発生した際には、ミスがあれば真摯にミスを認め、直ちに迅速な対応をとることではないだろうか。国民の期待を集め、国民生活に密着している省ならそうした態度で臨むべきだ。官僚一人一人が国民に寄り添い、一人一人の生活を意識し、厚労省に寄せられる視線を敏感に感じて動くべきだろう。

そのためにどうすべきか。私は官僚個々の意識改革を促し、ボトムアップによって省を変えるだけではなく、官房機能を強化してガバナンスの改革にも取り組んだ。大臣直轄の職員を新たに配置し、そこを通じて「自分たちの対応は省としてどうなのか」を考えるよう常に各部局に問いかけた。官房の彼らは、早朝から国会答弁の勉強会に同席し、一緒に答弁をチェックしてもらった。省としてのガバナンスを定着させるため、令和元年七月には新たに「大臣官房総括調整室」を設置した。危機管理に優れた人材を組織として育成し、継承していくことが必要不可欠である。

◆政策統括機能を強化

二つ目の柱は、時代の要請に応える政策能力をさらに高めることだ。厚労行政は幅が広く、各部局にまたがる。たとえば就職氷河期世代の支援のように、厚生分野と労働分野がどれだけ緊密に連携をとるかが政策の出来を左右することもある。

我々が絶対に避けなければならないのは、省内での「縦割り」であり、大臣自ら調整に乗り出すこともあった。

縦割りを乗り越えるため、政策統括機能の強化に着手した。厚労省の令和元年夏の人事異動では、俯瞰的な目線と、幅広い政策知識を備え、社会保障と雇用労働にまたがる横断的な政策課題に対応できるよう工夫した。それを担う政策統括官、参事官を置くことにしたのだ。政治主導、官邸主導の体制の中で、いまは行政機構全体の中では内閣官房がこうした役割にある。繰り返すが厚労省は幅広い担当領域を持つ行政機構だ。政府における内閣官房のような役割を厚労省内にこそ備えることが様々な課題に迅速な対応をするには欠かせない。

◆業務改革も推進

三つ目の柱は、省内の業務改革・効率化だ。若手の改革チームに提出してもらった提言、これは、私にとっては衝撃的だった。高い志を持ってこの省に入ってきた若手がこのような思い、環境で働いているのか、と愕然とした。だが同時に、激務の中で、依然としてこれだけ高い意識をもって働き続けている職員、特に若手の職員がいることを誇りにも思った。厚労行政にやりがいを感じて入省し、ひとつでも政策課題を解決したいと日々奮闘している。各部局で組織をつかさどる立場の人間は常に彼らの提言を読み返してほしい。自身が入省したときの熱い思いがもう一度、沸き起こってくるはずだ。大臣も含め、厚労省のガバナンスになんらかの責任がある人間はこうした若手の声に耳を傾け続けなければならないと思う。

私も彼らの意見を積極的に取り入れ、組織のモチベーションを高めていこうと努力した。オンラインで議員レクができるブースを省内に設けた。省内でRPA（ロボティック・プロセス・オートメーション）の試行も行った。今後、ICTインフラを導入した業務改善も急務である。

◆「霞が関版リボルビング・ドア」の勧め

ただ、こうした改革は大前提として官僚一人一人の意識が変わらなければ成就しない。前述したように「大臣が言っているから」「野党から要求されているから」我々は仕事をするわけではない。あくまでも国民生活のために厚労省はもっと強い組織にならなければならない。そのためには何よりも「一人一人のレベルを上げていく」ことが絶対に必要である。

改めて苦言を呈すならば「対応が後手に回る」「楽観的な見立てに頼り準備をしてない」「その場限りで取り繕おうとする」などの場面が往々にしてあった。「何故、そうなるんだ？」と強く疑問に感じたことは一度や二度ではない。

幹部が常に危機感を持ち、自分自身のレベルアップの努力をする。そうした姿、そうした人物の背中を見て、部下は育っていく。若手がやる気を持っているのに上司の振る舞いが残念なものであっては組織は徐々に腐っていく。自らの振る舞いが若手の鑑になっているか、私自身も不十分かもしれないが、幹部は常に意識して厚労行政に携わるべきだ。

厚生労働行政の範囲は広がっている。知識・経験という意味で、厚労省の職員だけの議論ではどうしても〝たこつぼ〟に入りがちで、視野狭窄に陥り、発想も貧困になりかねない。なにより国民の声が聞こえなくなるのはまずい。「大臣政策対話」を行い、他省庁に関わる関連分野にウィングを拡げようとしたのも、その意識からだ。

私は、政策連携が求められる分野で、他省庁の人材に一定期間、厚労省で活躍してもらう仕組みが考えられないか考えている。いわば「霞が関版リボルビング・ドア（回転ドア）」だ。霞が関の優秀な人材はもっと弾力的に使われるべきで、日本の中枢にある厚労行政にぜひ集中的に配置されてほしいと思っている。

たとえば、医療・介護の生産性向上については経済産業省、農福連携については農林水産省の人材に厚労省で活躍してもらう。「少子高齢化」はすべての政策分野に共通する課題で、多くの省庁が関係する。他省庁の人材が厚労省の中で働き、人材が交流することは、他省庁ひいては日本全体にとって有益だ。

◆「厚生労働省分割論」に与せず

「統計問題」を機に、世の中では再び「厚生労働省分割論」が浮上した。だが私は分割論には明確に異を唱える。組織の改編は様々な体力を使い、政治的なエネルギーも必要だ。果たしていまの厚労行政、いまの日本にそんなことに時間をかける余裕があるだろうか。多くの政策課題への対応は待ったなしだ。行政改革は官僚バッシングとともに政治の人気取りのために実施されることも多い。私は分割論を超え、目の前の課題に向き合い、厚労行政を実直に前に進めていくことだけを考えるべきだと考えている。

国民生活の目線に立ってみれば、厚生と労働はオーバラップする大きな政策領域だ。その間に行政の都合で壁を作るのは時代に逆行する。実際、保育政策と働き方改革、障害者雇用と障害福祉、医師の働き方改革、就職氷河期世代の支援など、はすべて厚生分野と労働分野が一体で取り組まなければ進まない課題だ。こうした分野でこれまで政策が動いてきたのも、一つの省だったからこその成果だ。

さらに組織を分けても、職員が増えるのでなければ多忙な状況は改善されない。むしろ分割によって双方に官房部局を置くなど業務の効率化と逆行しかねない。

何より重要なのは「人材」でだ。旧厚生省と旧労働省は、平成一三年一月の統合を前にして、一一年度入省の総合職職員から合同で採用を始めた。厚生や労働の〝垣根〟を持たない世代は、もうすぐ課長になろうとしている。

一体となった厚労省としての仕事に魅力を感じて入省した職員が、厚生分野、労働分野の両方を経験しながら成長を重ね、省を支える人材になっている。彼らが力を発揮し、厚労省になった成果が結実するのはまさにこれからともいえる。

課題があるとすれば政治側の対応かもしれない。私が通常国会で国会に滞在した時間は四四一時間。答弁の準備のための担当部局からの説明に要した時間は一九六時間だった。国会での審議に応えることは厚労大臣の責務であり、過酷であっても甘受する。だが、本当にこうした対応が国民のためになるものなのか、国会にも考えてもらいたい。

国会開会中、平日の午前四時頃から自宅にFAXで送られている膨大な答弁書は、厚労省の職員たちがまさに不眠不休、徹夜で仕上げたものだ。大臣の国会対応を支える職員たちの身体的・精神的な負担はかなりのものだ。二日前の正午までに政府に通告する「二日前ルール」が徹底されていれば、厚労省の業務改革も大きく前進する。国会改革が必要な所以である。

省内の改革には着手した。国民生活のために厚労行政を前に進める観点から、国会審議における副大臣の積極的活用や、質問主意書、質問通告、委員会運営の在り方の検討などを進めてもらいたいと切に思う。

＊　＊　＊

根本匠は、厚生労働省をどう変えたのか。改革の足跡を振り返ってみよう。

【これが根本匠の厚生労働省改革だ！――大臣が先頭に立つ――】

一　心構えを説く

○「職員一人一人が自らを鍛え研鑽する」
○「国民に寄り添う」
二　「匠方式」の浸透──政策構想力・課題解決能力を磨く──
○「パワーポイント」から「論点ペーパー」へ
○「本質」を見極めよ
○「ご説明」から「ブレインストーミング（バトルトーク）」へ
○最後まで知恵を出せ（ぎりぎりまで答弁案を修正）
○先手を打て（「攻めて守る」姿勢を貫く）
三　組織の在り方の見直し
○大臣を補佐する五名のブレーン（政策参与を外部登用）
○「戦力の逐次投入」から「一気呵成」に体制増強
○厚生労働行政のウイングを拡げる「政策対話」
○官房機能の強化
・「第三の秘書官」を登用（官房総務課企画官を大臣直属のスタッフに）
・「大臣官房総括調整室」を新設、組織にビルトイン
○組織・定員要求で風穴を開ける（定員大幅増を獲得）
○改革の断行（「改革実行チーム」始動、若手チームをビルトイン）

四　次代をを担う若手への期待

○「挑戦者よ、来たれ！」（大臣メッセージで呼びかけ、過去最多三六名採用へ）

○「若者よ、決起せよ！」（「厚生労働省改革若手チーム」立ち上げ）

・衝撃的な改革案を「緊急提言」

・オンラインによる議員レクの実証、ＲＰＡを導入

○子育て中の女性職員、障害のある職員と「直接対話」

○若手とのブレインストーミングを重視

五　統計改革

○組織の改革とガバナンスの強化

○統計に関する哲学、認識・リテラシーの向上

○統計改革の推進

第四章　浸透する「匠方式」

一　「論点ペーパー」をつくれ！

◆想定「答」に駄目出し

国会が召集されると、厚生労働省の事務方は委員会での野党との論戦に備え「想定問答」の作成に着手する。

想定が甘ければ、答弁に立つ大臣が立ち往生したり、答弁ミスなどで審議中断に追い込まれかねない。そんな事態が起きないよう、様々な角度から野党議員の質問内容を予測して答弁案を作成し、いかなる状況にも対応できるよう準備を整えておくわけである。

根本匠が厚生労働大臣として最初に国会答弁に立ったのは、平成三〇年秋の第一九七回臨時国会だ。

委員会審議の当日、早朝の大臣室で大量の想定問答に目を通すたびに、根本は違和感を覚える。想定の大半が、「問」に対する直接の「答」しか書かれてないからで、そんな時は決まって「これでは不十分」と駄目を出す。

国会における質疑応答では、どんな質問に対しても、基本的なことについては必ず言及しなければならない。幼児教育・保育無償化の質問ならば、「なぜ無償化が必要なのか」はすべての答弁の大前提であり、直接聞かれてない場合でも触れておく必要がある。質問に対する直接の答弁だけだと、政府側の趣旨や本当にやりたいことが十分に説明できないのだ。

しかも、野党議員の質問は、想定通りとは限らない。たとえば、「何故無償化が必要なのか」といった基本認識に関わる質問を、事前に通告していた質問の導入部として聞いてくることもある。答弁した予算事業のこまごまとした内容を踏み込んで聞いてくることもある。そんな時、事務方が作成する単線型の答弁案だけで野党議員と太刀打ちするのは骨が折れる。

大臣と野党議員の白熱したやりとりを見守る若手の職員たちは、根本が単線型の想定問答に駄目出しをする理由が次第に分かっていく。

◆「サグラダ・ファミリア」か？

根本匠は、重要な政策テーマについては必ず「論点ペーパー」の作成を指示する。

「匠方式」と呼ばれている根本匠流の論点ペーパーには、取り上げた政策テーマに関する基本的考え方や論点（役人が作成する「想定問」に相当する部分）、予算事業の概要、根拠条文、海外の事例・動向など、そのテーマに関わる情報が網羅される。

どんな質問にも対応できるようにするのが狙いだが、最初から完璧なものができるはずもない。新たな論点が生じれば、その都度加筆して論点ペーパーを改訂していく。どんな球（質問）が放り込まれても打ち返せる完成度の高いものになっても、新たな論点が生じれば、「付け加えておくように」と根本から指示が飛ぶ。その代表格が、待機児童対策の論点ペーパーだ。国会で質問があるたびに追記され、充実度を増していった。

「まるでサグラダ・ファミリアのようだ」。厚労省内には、根本の論点ペーパーを、着工から一三〇年以上経つ現在も建設が続くスペイン・バルセロナの教会「サグラダ・ファミリア」にたとえる向きもある。

「匠方式」の論点ペーパーは、国会答弁でもそのまま使えるよう工夫された、極めて実践的な資料だ。第一九七回臨時国会における水道法改正案の審議の最終局面で、根本は答弁書の代わりに「水道法改正に関する論点ペーパー」だけを手に野党議員との論戦に臨んでいる。論点ペーパーの精度が高くなると、こういうことも可能になる。

「匠方式」は、委員会審議の想定問答の作成過程にも浸透、根本大臣の答弁書には（注）の印を付け、本文の下に関連する情報を付記する「脚注」が多用されるようになる。丁々発止の質疑応答では、質問は一つにとどまらず、二の矢、三の矢が飛んでくる。そんな時、脚注の数が多ければ多いほど、不規則な質問への対応の幅が広くなっていく。

答弁書には、行政文書や統計、議事録などの参考資料が添付されるが、野党議員との論戦が白熱している状況で、大臣自ら参考資料をめくりながら、答弁に必要な情報を探し当てるのは容易なことではない。そこで根本は、参考資料のポイントとなる部分を抜き出し、答弁書の脚注に加えるよう指示、画一的な答弁書を実践的なものに変えていった。

ちなみに根本は、事務方が作成する「論点ペーパー」や脚注を多用した答弁書に全面的に依存したわけではない。テーマごとに論文などの関連文書を自らかき集め、しっかり読み込んで独自の情報を蓄えていく。政治家としての視点で、テーマの全体像を俯瞰するようにしたのである。

余談だが、根本は、移動の新幹線や飛行機の中で仮眠することはほとんどない。その時間を、資料や論文など文書の読み込みに充てるのである。退任の際、これまでに読んだものを秘書官が段ボール箱に詰めてみたら、一箱では収まらないほどだった。

根本が読破した文書は、厚生労働省を去る際、それぞれのテーマで議論を交わした担当者に贈呈している。

二 「本質」を見極めよ!

「この問題の本質は何だ？」

新しい政策課題や解決策が見出しにくい案件について事務方と議論をする際、根本匠は口癖のようにこの言葉を口にする。本質を見極めることで、問題点がクリアになり、具体的な施策や対応策の方向性が見えてくるからである。

（二）外国人受け入れ

◆本質は「時代感覚」と「内外無差別」

第一章で述べたように、政府は人手不足対策として新たな外国人受入制度の検討に着手、平成三〇年秋の第一九七回臨時国会では制度の是非が最大の焦点となった。

特定技能を巡る議論で、大きな論点になったのは「被扶養者」の要件である。外国で医療にかかった際、「同居が要件となっていない被扶養者」であれば、海外療養費が支払われる。国際化が著しく進展する中で、この取り扱いを維持していくべきかについては、従来から課題だった。

さらに、同国会では、特定技能に関わる予算委員会の論戦の一環で、「一夫多妻制の外国人が日本に来て健康保険の被保険者となった場合、どの妻までが被扶養者となるのか」といった質問も出された。日本人の「被扶養者」だけではなく、外国人の「被扶養者」をどう考えるのか、という論点である。

この問題にどう対処すべきか。根本匠は担当課に対し、健康保険制度で被扶養者をどのように取り扱ってきたのか、歴史的な経緯を調べるよう指示する。

健康保険制度が創設された大正一一年（一九二二年）当時は、「被扶養者」という概念はなく、保険給付の対象は被保険者本人だけだった。家族に対する給付が制度化されたのは昭和一四年（一九三九年）。戦時体制下での「銃後の守り、職場挺身者の家族の生活安定」が求められたことを受け、家族に対する給付が任意給付として導入された。

家族に対する給付は、昭和一八年（一九四三年）に法定化される。「被扶養者」の範囲は、①被保険者の配偶者と子どもは、被保険者と同居していなくても、被保険者が生計を維持していれば「被扶養者」となる（被保険者である夫が戦地に赴くことを想定し、妻と子どもについては「同居している」ことを要件にはしなかった）、②一方、被保険者が生計を維持しているだけではなく、同居していれば、配偶者や子ども以外でも「被扶養者」となる――という取り扱いだった。

さらに、昭和二〇年（一九四五年）には、戦争で長男を失った老親の生活を、同居していない次男らが仕送りで支えるケースを想定し、老親（直系尊属）についても、被保険者（次男）と同居していなくても、次男の「被扶養者」と認められる取り扱いとなった。

詳細は省くが、「被扶養者」の取り扱いについては、戦後も何回か改正されている。どのような条件で、誰を「被扶養者」として認めるかは、各時代の家族観や社会経済の環境の影響を受け、変遷してきたのである。

昭和五六年（一九八一年）には、海外駐在者や海外旅行者の増加を踏まえ、海外療養費制度が創設された。「同居が要件となっていない被扶養者」に対しては、海外にいながら療養費として給付を受けることが可能になった。

ところが、冒頭に述べたように、我が国のグローバル化の推進に伴う在外被扶養者の問題が顕在化している。生活の拠点が海外にある被扶養者にまで日本の健康保険を適用すべきなのか、という議論である。日本人の家族が海外に暮らす場合だけではなく、外国から来て日本で働く外国人の家族が海外に暮らしている場合も想定して考えなければならない。

根本は、担当課の資料に加え、自ら取り寄せた論文にも目を通しながら理解を深めていく。そして、被扶養者の取り扱いに関する問題の本質が「『時代の変化』と『内外無差別』である」ことを確信する。

健康保険の適用には、日本人かどうかを問わない。対象となる会社の従業員であれば、外国人でも被保険者になる。

同時に、被扶養者の取り扱いも、被保険者が日本人であるか外国人であるかで区別することは、国際的にも理解が得られない。一方で、国際化が進展する中で、海外に生活の本拠がある人まで被扶養者に含めるのは現実的ではないし、諸外国の制度とも矛盾はない。

この考え方に沿い、通常国会に提出した健康保険法等の改正法案には、被扶養者の要件に、留学など一定の例外を除き「国内に居住していること」を加える改正を盛り込むことにしたのである。法案審議でも、この点が最大の焦点となったが、根本によれば「本質を常に意識していたからこそ、ぶれずに説明できた」という。

（二）子ども・子育て

◆自治体の判断を尊重

平成三〇年の年の瀬。翌令和元年一〇月からの消費税率一〇％への引き上げ時に導入される幼児教育・保育や高等教育の無償化について、国と地方の間でぎりぎりの協議が進められていた。厚生労働省にとっての大きな論点は、「認可外保育施設の質の確保」で、認可外保育施設について五年間は、ガイドライン基準を満たしていなくても、無償化の対象とする方針を固めていた。待機児童が数多くいる中で、無償化の対象を認可保育所に限定することには、強い反発が予想されたからだ。

一方、地方自治体側は、質が必ずしも担保されていない認可外保育施設を無償化の対象にすることには、「保育の質」の観点から問題視していた。

「この問題の本質は何か」。根本匠は考え、事務方にも問いかける。

一口に待機児童といっても、自治体ごとに大きな差がある。都心部では、多くの待機児童が存在する一方で、少子高齢化が進む地方では、待機児童が存在しない自治体も多い。こうした実情を踏まえると、全国一律に扱うことがはたして妥当なのか。根本が導き出した結論は、「地方自治体の状況は一律ではない。地域の実情に応じ、地域の判断を尊重して柔軟に対応する」ということだ。

そして、自ら考えた「五年間の経過措置は前提としつつ、自治体の判断で基準を厳しくする条例を定めることを可能とする」との腹案について検討を急ぐよう担当局長に指示した。

実は、自治体側の代表である全国市長会の立谷《たちや》秀清《ひできよ》会長（相馬市長）も、根本と同じことを考えており、平成三〇年一二月三日に行われた「教育の無償化に関する国と地方の協議の場」で次のように発言している。

「自治体によって、子ども・子育ての実態も全く違う。国の方で明確なマニュアルをつくるのは大前提だが、自治体によっては、条例で定めることを可能にするという、方法論があってもいいのではないか」

根本は、「地方自治体の状況は一律ではない。地域の実情に応じ、地域の判断を尊重して柔軟に対応する」という本質を考えることで、解決策を見出したのだ。

その後、国と地方の財源負担協議が急ピッチで進み、全国市長会は一二月一〇日、認可外保育施設や子ども・子育て支援新制度に移行していない市立幼稚園を含め国が二分の一を負担するとの政府案を受け入れることを決定。全国知事会と全国町村会も、政府案の受け入れを決めた。

◆〝アンチ厚労省〟も評価

厚生労働省は令和元年九月六日、同年四月時点の「待機児童解消に向けた取り組みの状況について」を発表する。

四月一日現在の待機児童数は一万六、七七二人で前年よりも三、〇〇〇人以上減少している。例年通りの発表なら、待機児童の数が大幅に減っていることを強調するだけにとどまるが、「地方自治体の状況は一律ではない」という本質論からすれば、こうした発表の仕方では不十分である。

根本匠は、事前に担当者に「保育所待機児童の状況は自治体ごとに違う。マクロの数字の増減だけ見ても意味がない」と指摘、地域ごとの分析結果を併せて公表するよう指示していた。

その結果、待機児童ゼロ、つまり待機児童が存在しない自治体は全国一、七四一自治体の約七割。いまなお待機児童が存在する四四二自治体については、①待機児童を大きく減らした自治体、②申込者が見込みを上回り、待機児童が増加した自治体、③待機児童数が横ばいの自治体――の三つのタイプに分類できることが分かり、九月六日の発表では、三つに分類した上で自治体ごとの傾向に合わせた対応を一緒に公表することとした。

目から鱗が落ちたのだろうか。政府、とりわけ厚生労働省に対し厳しい論調を掲げる新聞の社説に次のような一節があった。

「厚生労働省は新たな支援策も打ち出した。保育ニーズの見込みより申込者が多かった自治体や、待機数がなかなか減らない自治体などに個別の対策支援を実施する。自治体任せにしない点は理解するが、対象となる自治体は多い。きめ細かい支援ができなければ実効性はおぼつかない。全体では待機数は減ったとはいえ二二二自治体で逆に増加している。増加要因の分析や支援は欠かせない」（九月一一日付東京新聞）

根本は、自身の指示が的確だったことを実感した。

（三）「非正規雇用」

◆厚生労働大臣が指示？

「『非正規』使うな　厚労相が指示？　格差隠し言葉すり替えか？」

令和元年六月二一日付の東京新聞朝刊の特報面（「こちら特報部」欄）に、こんな見出しの記事が掲載された。六月一九日に行われた「老後二、〇〇〇万円」に関する野党合同ヒアリングの場で、厚生労働省の課長が「ちょっと最近、我々、『非正規』と言うなと大臣から言われています」と発言したという。

報道があった日は、閣議後の定例記者会見の日でもあり、東京新聞の記者から事実確認を求める質問が飛び出した。長くなるが、根本匠の答弁をそのまま引用する。

「私から『非正規労働者』との文言を使わないよう指示した事実はありません。同一労働同一賃金を実現し、不合理な待遇差を解消する。この取り組みを通じ、どのような雇用形態を選択しても納得が得られる処遇を受けられ、多様な働き方を自由に選択できるようにしていく。これが私の基本的な考え方です。そのような中で正社員に就けずにパートなどの働き方を余儀なくされている方や、自分に都合のよい時間に働きたいからと積極的にパートなどの働き方を選択して活躍している方など多様な働き方が進んでいます。多様な働き方が進んでいる中で『単に正規、非正規という切り分け方だけでよいのか』、あるいは『多様な働き方、それぞれの課題に応じた施策を講ずるべきではないか』という政策論の議論をしました。非正規雇用で働く方、パートタイム労働者、有期雇用労働者、派遣労働者に寄り添う政策を展開し、同一労働同一賃金の実現に向けて全力で取り組んでいく。これが私の姿勢です」

課長が野党ヒアリングで発言した「『非正規』と言うな」との大臣指示は、根本にとって全く身に覚えのないことである。

巨大官庁故か？　根本は、厚労省内で本人の与り知らぬところで事実が著しく歪められ伝わっていることに危機感を抱いた。

◆「言ってもいないことを」

前出の記者会見における答弁のように、根本匠が事務方とのブレーンストーミングで、「正社員に就けずにパートなどの働き方を余儀なくされている方や、「都合の良い時間に働きたいから」と積極的にパートなどの働き方を選択して活躍している方など、多様な働き方が進んでいる中で、

「単に『正規』『非正規』という切り分け方だけでよいのか」「多様な働き方それぞれの課題に応じた施策を講ずるべきではないか」などの政策的な議論をしたことは事実である。

だが、「『非正規』を使うな」という指示をするはずもない。「言ってもいないこと」を報道された直後、野党合同ヒアリングで「『非正規』と言うなと大臣から言われています」と発言した課長が、青ざめた表情で大臣室に現れ、伝聞で聞きかじったことを確認もせず口に出してしまった、と根本に詫びている。

とんでもない勘違いだったわけである。根本が全面的に否定したにもかかわらず、この課長の「言うな」発言を材料に一部メディアが東京新聞の報道に追随。厚労省内の関係職員に対する不可解な「周知文書」の存在も、後日明らかになる。

この文書は、雇用環境・均等局で作成された。若手職員が課長への相談や了解を得ることなく電子メールで送信したものだった。内容も、周知文書について「大臣了解」という誤った情報が書かれている。問題なのは、根本との議論の意味が担当部局内であるにもかかわらず正しく伝わっていない、著しく歪曲されて伝わっているということであり、組織としての対応（危機管理）の問題なのである。

実は、「非正規雇用労働者」の呼称の在り方については、民主党政権の時代にも厚生労働省の有識者懇談会（「非正規雇用のビジョンに関する懇談会」平成二三年六月〜二四年三月）において議論が行われている。この懇談会では、「非正規」という名称のマイナスイメージが指摘される一方、「『非正規』は便宜的な呼称に過ぎず、個々の企業においては『非正規』以外の様々な呼称が用いられていること、就業形態の多様性に鑑みれば『正規』―『非正規』の二分法自体が適切でないこと」などを踏まえ、実態面での待遇改善策が主眼とされ、改称などの提案は行われなかった。

東京新聞の報道後、他の報道機関などからの問い合わせや情報公開法に基づく開示請求が続いたことから、厚生労働省は令和元年八月、事実と異なる「大臣了解」書を全面撤回することを決める。

その上で、就職氷河期世代対策を部局横断的に検討・推進する動きも踏まえ、パート・有期・派遣で働く方への支援策など、政策を進める上での基本的考え方について、省内で認識を共有し、しっかりと進める必要があると判断。「『非正規雇用』という言葉で、多様なパート・有期・派遣を一括りにするのではなく、個々の働き手の実情をよく見た上で、それぞれの課題に適切に対応し、働く人の希望に沿った働き方を実現していくことが重要」との基本的な考え方を、省内で改めて共有することにした。

◆根本匠の「論点ペーパー」

「非正規雇用」についての根本匠の考えを、「論点ペーパー」に沿って紹介する。

「非正規雇用労働者」の中には、正社員を希望しながら、パートタイム・有期雇用・派遣の働き方を余儀なくされている方、いわゆる「不本意非正規雇用労働者」と呼ばれる方もいれば、「都合のよい時間に働きたい」、「体力に合わせて働きたい」、「専門的能力を発揮したい」など様々な理由から、自らの意思でパートタイム・有期雇用・派遣の働き方を選択している方もおり、その実態は多様である。

たとえば、一般的に「非正規雇用労働者」は正社員と比べて収入が低いが、学生時代に正社員を希望して就職活動をしながら不況期だったために、アルバイト勤務で生計を立てることを余儀なくされている人もいれば、パートタイムで働く一方、社会保険について配偶者の被扶養者から外れないよう就業調整を行っている人もいて、「自分の収入の低さ」が持つ意味合いは、両者で大きく異なる。

また、パートタイム・有期雇用・派遣には、失業者等が正規雇用で働けるようになるまでの過程で「踏み石」になっている面もあり、その意味でも「非正規雇用」という雇用形態を一律に問題視することは適切ではない。

根本は、このような多様な実態を考慮せずに「非正規雇用労働者」という言葉で一くくりにすることは「不適切であり、多様な実態に応じた政策対応を図ることが重要である」と考える。

たとえば、不本意ながらパートタイム・有期雇用・派遣の働き方を余儀なくされている方は、①十分な職業キャリアを積むことができず、職業能力を蓄積することが困難、②収入の低さに加え、不況時に雇い止めの対象となるなど、雇用が不安定、③以上から将来展望が持ちにくく、結婚や子育て等に向かいにくい――といった課題を抱えている。

こうした方々には、「正規（無期）雇用への転換に対する支援」で対応し、「格差の固定化」を防ぐことが基本的な考え方になる。労働契約法に基づく無期転換ルールや労働者派遣法に基づく雇用安定化措置といった制度の周知、有期雇用労働者を正社員等に転換した企業に助成されるキャリアアップ助成金などを通じて支援に全力で取り組む必要がある。

一方、仕事と生活を調和させる「ワーク・ライフ・バランス」や専門的能力の発揮などのために、パートタイム・有期雇用・派遣を選択している方についての課題は、欧州諸国と比べ、パートタイムとフルタイムの賃金の差など「働き方による処遇差」が大きいこと（※）が挙げられる。
※パートタイム労働者のフルタイム労働者に対する賃金水準（JILPT調べ。単位％）
▽フランス八六・六（平成二六年）、▽ドイツ七二・一（平成二六年）、
▽イギリス七一・八（平成二九年）、▽日本五九・四（平成二九年）
この課題には、「同一労働同一賃金」（均等・均衡待遇ルール）により、「処遇の改善」を通じたモチベーションや生産性の向上を図ることが基本であり、パート・有期法制度の周知徹底を行う必要がある。

同時に、労働市場の問題としても考える必要がある。企業にとっては、パートタイム・有期雇用・派遣を雇用した方が、社会労働保険料などの企業の労務費負担が軽減される。また、働

く側にとっても、パートタイム・有期雇用・派遣を選好させるような、税・社会保障制度の仕組み（税の配偶者控除、厚生年金や健康保険の適用に当たっての労働時間要件や雇用期間要件、年金制度の第三号被保険者、医療保険制度の被扶養者等）がある。この課題には、被用者保険の適用拡大に取り組む必要があろう。

なお、総務省の労働力調査によれば、第二次安倍政権下で「不本意非正規雇用労働者」の人数は、平成二五年の平均三四一万人（一九・二％）から平成三〇年の平均二五五万人（一二・八％）まで八六万人も減少している。

また、同調査（詳細集計）では、平成二五年の調査から「非正規雇用に就いた理由（正規の仕事がないから）など」を質問項目に追加した。それまでは、非正規雇用に関して、本意か不本意かという区分けはなかったのである。

（四）最低賃金

◆新たな視点で分析

安倍政権は、中期目標として「最低賃金一、〇〇〇円」を掲げている。平成二八年六月に閣議決定した「ニッポン一億総活躍プラン」には、最低賃金の「年三％程度の引き上げ」が盛り込まれ、全国平均の引き上げ率は三年連続で三％を超えた。継続的な引き上げの結果、中小企業団体からは引き上げに対する経営への影響、特に地方の中小企業へ与える影響についての強い懸念が示されるようになっていた。

予算委員会の質疑では、与野党の議員と「最低賃金は全国一律にすべきではないか」、共産党議員とは「最低賃金は時給一、五〇〇円にすべきではないか」が論戦の焦点となり、経済財政諮問会議でも民間議員が「最低賃金の引き上げを加速化すべき」と主張。官邸もこれまで以上の引き上げに強い意欲を示し、「骨太の方針2019」には「より早期の全国加重平均一、〇〇〇円の実現を目指す」との方針が盛り込まれた。

こうした中、根本匠は早い時期から、最低賃金の検討には「ミクロ、マクロの両方の視点が必要」と考えていた。最低賃金の引き上げは、働く人にとっては恩恵になる。経済が安定し、人手不足の時期は、最低賃金を引き上げる好機となる。一方、企業の立場からは経営に影響が生じることになる。

根本の言う「ミクロの視点」とは、最低賃金を上げることでどの業界、どの地域が影響を受けるか、という視点である。これに対し「マクロの視点」は、最低賃金引き上げの影響を受ける業界を所管する省庁を巻き込み、動かすことで思い切った支援策を打ち出すことで、経済全体を引き上げていくべきではないか、という視点である。念頭にあるのは、①ものづくり補助金やＩＴ補助金など意欲を持って取り組む事業主への生産性向上支援、②労務費上昇分を適正に価格転嫁できる仕組みづくり（下請け取引条件の改善など）、③官公需からの率先した対応（最低賃金の上昇を反映した価格の設定など）――などだ。

ここは、「論点ペーパー」の出番である。根本から指示を受けた担当者は、ミクロとマクロの視点による分析結果を以下のようにまとめ、令和元年五月下旬に根本に報告する。

〔ミクロの視点〕

○就業形態別にみると、一般労働者はどの業種、どの都道府県においても最低賃金の引き上げの影響は極めて小さく、最低賃金の引き上げの影響を受けるのは基本的に女性が多い短時間労働者である。

○業種別にみると、影響が大きい業種は「宿泊業・飲食サービス業」「卸売業、小売業」「生活関連サービス業・娯楽業」や「製造業」の一部である。

○具体的には「飲食店」（居酒屋・レストランのホールスタッフ等）「飲食料品小売業」（弁当総菜店の調理補助、コンビニ・スーパーにおけるレジ業務等）「娯楽業」（ゴルフ場スタッフ、パチンコ店の接客等）「洗濯・理容・美容・浴場業」（クリーニングの受付や仕上げ業務、銭湯の受付や清掃業務等）「食料品製造業」（小規模の弁当・惣菜製造所における盛り付け業務等）である。

・厚生労働省が所管する分野でも、「医療、福祉」、とりわけ「社会保険・社会福祉・介護事業」（特に女性の高齢者パート、主婦パート）が影響大である。

・都道府県別にみると、神奈川県が突出して影響が大きく、次いで、北海道、大阪府、埼玉県、鹿児島県が続く。

［マクロの視点］

○「飲食店」「飲食料品小売業」「洗濯・理容・美容・浴場業」「食料品製造業」といった業種を中心に中小企業・小規模事業者の生産性向上支援策の拡充が必要。特に労働集約的な業種においても生産性を高めるため、ITツールの導入支援、コンサルティングの実施支援、各種助成金などの拡充が必要（中小企業庁）。

○生産性の向上だけでなく、労務費上昇に係るコストを取引対価に反映できるよう中小企業・小規模事業者における取引条件の改善も重要（中小企業庁、公正取引員会）。

○こうした取り組みを強化していくとともに、デフレマインドからの脱却に向けた機運醸成（B to C）にも取り組みを広げ、労務費上昇に係るコストをしっかりと価格転嫁できる環境整備を行う。

担当者は、この分析を行うのにひと月かかった。厚生労働省内に、これまで根本のような視点を持つ者はおらず、一度も行ったことがない分析だったからだ。

◆令和元年度は「九〇一円」

最低賃金は、公労使の三者で構成される中央最低賃金審議会（厚生労働大臣の諮問機関）でその目安額が決定される。根本匠は令和元年七月四日、中小企業や小規模事業者が賃上げしやすい環境を整備するなどの政府の取り組みと相俟って、より早期の全国加重平均一、〇〇〇円の実現を目指すという「骨太の方針２０１９」に配意した調査審議を同審議会に諮問した。

メディアは、連日のように「最低賃金を上げると経営が苦しくなり韓国のように企業の倒産件数が増加し雇用の場がなくなってしまう」、「東京都の九八五円（最高額）、鹿児島県の七六一円（最低額）といった最低賃金額の地域間格差の是正が必要だ」などと報道した。

諮問から約一か月後の七月三一日、中央最低賃金審議会・小委員会は、令和元年度の地域別最低賃金の改定について全国平均の時給を二七円引き上げ、九〇一円とする目安をまとめた。昭和五三年度に目安制度が始まって以降過去最高額となる目安額の決定に寄与することになる。

地域間格差についても、都道府県において目安額どおりに改定されれば、最高額（一、〇一三円）に対する最低額（七八七円）の比率は七七・七％となり、五年連続で改善する見込みであり、地域間格差にも配慮した審議が行われた結果だった（その後、各都道府県の地方最低賃金審議会でまとめられた改定額によると、最高額は一、〇一三円、最低額は七九〇円で、比率は七八・〇％＝平成三〇年度は七七・三％＝へとさらに改善した）。

◆論文には理論で対応

根本匠が中央最低賃金審議会に最低賃金を諮問した直後、日経新聞の「経済教室」（七月八日付朝刊）に竹森俊平慶應義塾大学教授の最賃引き上げ論議の視点が掲載された。この記事は、最低賃金引き上げの政策効果について、六名の労働経済学者の意見を聞いてまとめたものであった。この記事の中で竹森教授は、最低賃金政策はポジティブな経済効果を持つとしつつ、最低賃金政策の実施に当たっては、データを集めた上で政策効果についてマクロ、ミクロの両方の観点から業種別、地域別に分析すべきであると論じていた。

竹森教授は、経済財政諮問会議の委員である。根本は、七月三一日に開催される令和元年第六回経済財政諮問会議の場で、今年度の中央最低賃金審議会の答申について報告することになっていた。

「竹森教授との論戦になるかもしれない」。再び、担当局とバトルトーク（闘論＝激しい議論を意味する根本の造語）である。

ミクロの視点から（就業形態別、業態別など）の分析については、既に整理済みである。さらに、近年最低賃金は三％の引き上げが続いているが、人手不足の雇用情勢下、失業率は増えておらず、雇用への直接的な影響は確認できていない。最低賃金の付近で働く労働者の多くは女性のパートタイム労働者だが、パートタイム労働者の処遇改善につながる最低賃金の引き上げは、むしろ就業率の向上に資する。

また、マクロの視点からの分析についても、「成長と分配の好循環の実現の観点から、関係大臣が連携して、生産性の向上を通じて中小企業等が賃金を引き上げられる環境づくりを進めることで、より早期に一、〇〇〇円を目指す」ことに尽きている。

結局のところ、経済財政諮問会議で竹森教授との議論の場面はなく、安倍総理は会議をこう締めくくった。

「これまで議論してきた最低賃金の引き上げについて、根本大臣から審議会の答申についてご報告いただいた。全国加重平均が、より早期に一、〇〇〇円になることを目指し、生産性の向上などを通じて、中小・小規模事業者の皆さんが賃金を引き上げられる環境づくりを、関係大臣が連携してしっかりと進めていただきたい」

総理の締めくくり発言は、かねてから省内で議論を重ねてきたとおりである。根本は総理の発言を聞きながら、深くうなずいた。

中小企業・小規模事業者対策は、令和元年一二月五日に閣議決定された「安心と成長の未来を拓く総合経済対策」に盛り込まれた。この経済対策では、中小企業・小規模事業者がリスクを乗り越え、生産性向上に果敢に挑むことができるような思い切った支援や環境整備を図ることとし、従来型の設備投資導入に限らないＩＴ・デジタル技術の実装支援や中小企業・小規模事業で働く人たちの能力開発やキャリアアップの支援、大企業との取引構造の適正化のさらなる推進などが具体策として並ぶ。

この経済対策に沿って、令和元年度補正予算と令和二年度予算の切れ目のない予算措置が講じられた。最低賃金の引き上げのみならず、働き方改革、厚生年金の適用拡大、インボイスへの対応などの制度改革への対応が迫られており、生産性の向上が喫緊の課題なのだ。

厚生労働大臣退任後、根本は自民党の中小企業・小規模事業調査会の会長に就任、党の中小企業政策を主導している。この経済対策、予算措置などは、まさしく自民党の提言を受けたものである。根本は、中小企業政策の司令塔として、日本経済を支える中小企業や小規模事業の生産性の向上などの政策をさらに強化していきたいと考えている。

三　重い歴史に向き合う

根本匠の在任中、重い歴史を背負った施策に関する判決が立て続けに出された。令和元年五月の旧優生保護法に関する仙台地裁判決と、六月のハンセン病家族訴訟に関する熊本地裁判決である。根本はこれらの重い歴史に正面から向き合うことになる。

（一）旧優生保護法

昭和二三年（一九四八）に議員立法として制定された「旧優生保護法」は、知的障害や精神疾患、遺伝性の疾患に罹っている人について、強制的な不妊手術や人工妊娠中絶を認める法律である。平成八年に廃止されるまでの間、多くの人が手術を強いられ、苦しんできた。

平成三〇年一月、仙台地裁に対し、障害を理由に手術を受けた女性から旧優生保護法の違憲性を訴える訴訟が提起される。この問題にどう対処すべきか、国会では超党派で検討が進められ、平成三一年四月二四日、議員立法により「旧優生保護法に基づく優生手術等を受けた者に対する一時金の支給等に関する法律」が成立。同日、政府としても内閣総理大臣談話を出すとともに、根本匠も国会内で記者会見し、厚生労働大臣談話を発表する。

＊＊＊

本日、「旧優生保護法に基づく優生手術等を受けた者に対する一時金の支給等に関する法律」が成立いたしました。昭和二三年制定の旧優生保護法に基づき、あるいは旧優生保護法の存在を背景として、多くの方々が、特定の疾病や障害を有すること等を理由に、平成八年に旧優生保護法に定められていた優生手術に関する規定が削除されるまでの間において生殖を不能にする手術等を受けることを強いられ、心身に多大な苦痛を受けてこられました。このことに対して、厚生労働省としても、旧優生保護法は旧厚生省が所管し、執行していたことから、真摯に反省し、心から深くお詫び申し上げます。

本日成立した法律では、厚生労働省が一時金の支給の事務を担うこととされています。対象となる方の多くが障害者であることを踏まえ、地方公共団体や関係団体等の皆様の御協力を得て、一時金の支給手続等について十分かつ速やかに周知を行うとともに、請求のための相談支援等の取組を進めてまいります。また、今般成立した法律の趣旨や内容について広く国民に周知を図り、ご理解いただくよう努めてまいります。厚生労働大臣として、法律の趣旨を踏まえ、着実な一時金の支給に向けて全力で取り組むことをお約束いたします。

＊＊＊

仙台地裁の判決が出たのは一か月後。国の主張が認められ、国家賠償の請求は退けられたが、旧優生保護法自体は「違憲」との判決だった。

根本は五月三一日の記者会見で、他の地裁でも裁判が継続していることから判決自体へのコメントは避けつつ、厚生労働省としてすべての国民が疾病や障害の有無によって分け隔てられることなく、相互に人格と個性を尊重し合いながら共生する社会の実現に向けて最大限の努力を尽くしていくこと、着実な一時金の支給に向けて全力で取り組んでいく考えを表明した。

(二) ハンセン病家族訴訟

らい予防法（平成八年に廃止）による国の隔離政策により損害を受けたとして、元患者の家族が、国に対して損害賠償を求めて提起していた訴訟の判決で、熊本地裁は令和元年六月二八日、違法な隔離政策によって家族も差別を受け「生涯にわたり回復困難な被害を受けた」として、国に対し約三億七、〇〇〇万円の支払いを命じた。ハンセン病の元患者の家族が起こした訴訟で賠償命令は初めてである。

元患者本人が提起した訴訟については、平成一三年の熊本地裁判決で国が敗訴し、当時の小泉純一郎総理大臣が「控訴せず」との政治決断を下しているが、家族の訴訟についてはどう対処すべきか。判決を前に、根本匠は担当幹部らと協議を重ねた。

根本の思いは初めから定まっていたわけではない。判決が出てからも判断は揺れる。整理していくと、原告の主張は法的に問題点が多い。仮に原告の主張が認められた場合、国として法的な観点から容認できない点が出てくる可能性が高い。

一方で、隔離政策によって元患者の家族も辛く苦しい生活を強いられてきたことは、紛れもない事実である。根本の心には、六月二一日に開かれた「らい予防法による被害者の名誉回復及び追悼の日」式典の際に家族の代表の方が切々と訴えていた話が強く残っている。目頭が熱くなる話だった。法的な問題点は多いとしても、単に「控訴」ということで良いのか。

ちなみに、小泉総理が控訴を断念した時に官房副長官を務めていたのが安倍総理である。「総理の決断」を間近に見ていた安倍総理はどう考えているのか。

「ご家族の皆さんは人権が侵害され、大変つらい思いをしてこられたと思う。判決はよく精査しなければいけないが、我々は本当に責任を感じなければならない。真剣に検討して判断したい」

その安倍総理は、七月三日に行われた日本記者クラブ主催の党首討論会でこう発言している。厚生労働大臣の根本と山下貴司法務大臣は、七月九日の閣議前にこの問題について総理と協議することになっている。「総理にどのような方針を伝えるべきか」。根本はぎりぎりまで懊悩した。

そして前日の七月八日。法的には問題が多いので上級審の判断を仰がざるを得ないが、家族に対する補償措置を講じること、普及啓発を強化し家族との協議の場を設ける、との結論に辿り着く。

この線に沿って事務方が「大臣発言メモ」を作成するが、根本は同夜、自宅で再度熟考し、もう一枚のメモを作成するよう事務方に指示する。総理が「控訴せず」と政治決断した場合の対処方針である。

七月九日午前七時五〇分。官邸の総理執務室に入った根本と山下法務大臣は、安倍総理に対し「政府として控訴する」方針であること、「ご家族への補償措置を講じる」ことを説明した。法的な問題点については、山下法務大臣が補足説明した。

根本らの説明を聞き終えての総理の判断は、「控訴しない。これは政治決断です」。明快だった。

総理の政治決断に「分かりました」と即答した根本は、用意していたシナリオペーパーに沿って、①総理談話を発表する、②法的な問題点を整理した声明を発表する、③補償のための法案を国会に提出する場合、議員立法が適当である――ことを説明、総理の了承を得る。そして同日、安倍総理自ら「政府として控訴しない」ことを言明する。

総理大臣談話と、法的問題点を整理した政府声明は七月一二日に発表され、根本は遊説先の米沢市で「実務的な協議の場」を早期に開催する方針を表明した。

安倍総理が原告団と面会した七月二四日夕刻、根本も厚生労働省に原告団を招き、ハンセン病元患者の家族の方々が長年にわたって受けてきた苦痛などに対し「心からお詫び申し上げます」と政府として改めて謝罪した。そして、「ご家族の皆様のお気持ちをしっかりと受け止めます。皆様に寄り添った支援を行うこと、これが基本的な姿勢です」と、率直な気持ちを伝えた。

このあと根本は、元患者のご家族の方々の過酷な体験に耳を傾けた。その模様を会場の片隅で見守っていた厚生労働省の職員は、根本が幾度も目頭を押さえるシーンを目撃している。

その後、ハンセン病元患者家族に最大一八〇万円を支給する「ハンセン病元患者家族に対する補償金の支給等に関する法律」（議員立法）と名誉回復を図る改正ハンセン病問題解決促進法（「ハンセン病問題の解決の促進に関する法律」）が第二〇〇回臨時国会に提出され、令和元年一一月一五日に参議院本会議で全会一致で可決、成立した。

補償法の前文には、ご家族が受けた苦痛や苦難に対する「国会及び政府」のお詫びと責任が明記されており、元患者の親や子、配偶者に一八〇万円、兄弟姉妹や元患者と同居していた孫や甥・姪等に一三〇万円が補償金としてそれぞれ支給される。

四　国際会議でも存在感

(一) ＵＨＣの推進うったえる――Ｇ20財務大臣・保健大臣会合

令和元年六月、Ｇ20サミットの大阪開催に併せて「Ｇ20財務大臣・保健大臣会合」が大阪市内で開かれた。ＵＨＣ（ユニバーサル・ヘルス・カバレッジ）を世界的に進めていくため、担当の保健大臣と財政を預かる財務大臣が共同で行う初の試みである。

根本匠は、麻生太郎副総理兼財務大臣と並んで議長席に座った。夕食をとりながら議論するワーキングディナー形式の会議のため、手元のグラスには根本の地元二本松の大吟醸も注がれる。緊張したムードの中にも華やかさを感じさせる国際会議を根本は経験する。

メインの議長は麻生氏が務めるが、麻生氏が離席する際には、根本が共同議長として進行役を担う。進行メモも、財務省が作成したメモを使用するが、初めにこのメモを見た時に根本は目を見張った。財務省のノウハウが詰まった機密事項なので詳細は省くが、大臣が会議の進行や読み上げを間違えないよう細かい工夫が施されている。

「これは使えるぞ」。根本は、後の国際会議で「麻生方式」を活用している。

（二）「二〇二三技能五輪」招致活動を展開

愛知県が二〇二三年招致を目指す技能五輪国際大会を主催する「ワールドスキルズ・インターナショナル（WSI）」の総会が、令和元年八月二一日にロシアのカザンで開かれ、根本匠は政府代表として会議に出席し、誘致活動を繰り広げた。

ライバルはフランスのリヨン。同国のミュリエル・ペニコー労働大臣も現地入りし、マクロン政権をあげて展開してきた招致活動の最終段階に臨む。

厚労省の事務方によれば、事前の票読みで「もう一押し」との感触を得ており、厚生労働大臣の根本匠には日本への投票を決めかねている国々の代表への支持要請活動と英語による一分二〇秒のプレゼンテーションが託されていた。

根本は日本を発つ前に、ものづくりに携わる若者が技能五輪国際大会に出場することが、選手本人にとって、所属する会社にとってどのような意味を持つのかを、前回の二〇一七年アブダビ大会において「情報ネットワーク施工職種」でゴールドメダルを獲得した方が勤務する会社の経営者とご本人から詳しく聞いた上で総会に臨むことにした。

プレゼンテーションの資料についても、事前に事務方から説明を受けた時点で「もう一工夫」を指示している。自身の名前である「匠」は、技能を競う技能五輪のコンセプトにぴったりである。「匠」の意味をプレゼンテーションの内容に盛り込むとともに、自筆の「匠」の文字をプレゼンテーション時にスクリーンに投影するスライドに入れることにしたのだ。

総会当日。根本は、夕刻のプレゼンテーションを控え、早朝から英文を繰り返し読み上げその内容を確認する。上月豊久ロシア大使や同行している通訳から、間の取り方や声の抑揚、さらには招致に向けた強い意志が会場に伝わるよう身振りや手振りについてまでアドバイスを受ける。

そして本番。安倍総理大臣のビデオメッセージや大村秀章愛知県知事のプレゼンテーションに続いて、根本が演壇に立ち、ものづくりの伝統がある地域でコンパクトに開催できることなど愛知で開催する魅力を訴えた。

根本のプレゼンテーションは、「I shall begin by thanking my parents for naming me "Takumi", which means "skilled artisan".」から始まった。「匠」という名前はまさに「Skilled artisan」の意味であること、「匠」という名前を付けたことへの両親への感謝の意を示し、笑みをうかべながら「ファイティングポーズ」のように力こぶを両腕に作る。会場の聴衆から大きな拍手を受けるが、この時、会場の大きなスクリーンには「匠」という漢字のスライドが表示されていた。

日仏両国のプレゼンテーションの後、六四か国による投票が行われた結果、愛知二〇票、リヨン四四票で開催地はリヨンに決した。予想外の大差である。会場にフランス革命時の革命歌でもあるフランス国歌「ラ・マルセイエーズ」の歌声が響く中、ペニコー大臣が根本の席まで歩み寄った。お互いに全力を尽くしたことを共にたたえながら、堅い握手を交わした。

（三）G20労働雇用大臣会合の議長に

「G20労働雇用大臣会合」が令和元年九月一～二日に松山市で開催され、根本匠が議長を務めた。同会合では、一日半にわたり、「人間中心の仕事の未来」をテーマに、人口動態の変化への対応として、①高齢者雇用・職業生活の長期化、②若年者雇用、③高齢化社会における新たな雇用機会〝介護労働の未来〟の三つのセッションのほか、④ジェンダー平等、⑤新しい形態の働き方への対応、という合計五つのセッションが行われた。

特に、「ジェンダー平等」のセッションでは、女性の労働市場への参加を促進するためには、質の高い「パートタイム労働」の創出などの取り組みを政労使で進めることが大事だと訴えた。また、「新しい形態の働き方への対応」のセッションでは、フリーランスやウーバーイーツなど、参加国でもその対応が定まっていない新しい議題に対し、双方向のやりとりで進行したが、発言者の意図を十分に汲み取りわかりやすい議論になるよう議事を進めた。二日間にわたる議論の結果、高齢になっても働きやすい、健康的で安全な労働環境整備の推進を盛り込んだ大臣宣言を採択した。

国際会議の議長役は、「G20財務・保健大臣会合」でも麻生財務大臣と共に議長を務めた経験があったが、根本が単独で国際会議を差配するのは松山での会合が初めてである。

また、各セッションの間には、国際労働機関（ＩＬＯ）のガイ・ライダー事務局長やドイツのビヨルン・べーニング連邦労働・社会省次官との意見交換、高齢者雇用問題などに関するイギリス雇用年金省との協力の覚え書きへの署名など、精力的に行った。

初日の夜、厚生労働大臣主催の夕食会が開催された。福島の地酒を用意し、世界にＰＲした。その時根本の隣に座ったのは、一〇日前にロシアで技能五輪の招致レースを競ったフランスのペニコー大臣だった。

せっかくの機会なので、根本はペニコー氏に勝因を尋ねた。

「技能五輪の招致はマクロン大統領の肝いりで、大統領自身が先頭に立って働きかけを行った」

ペニコー氏は、「二年後（の候補地）は日本を支持します」と協力を約束した。

コラム

■緊張の最前線を視察

厚生労働省の所管業務の中には、薬物取り締まりや検疫も含まれている。国民の安全な日常と健やかな社会を守ること、これも厚生労働省の重要な仕事である。「現場第一主義」の根本匠は、是非とも現場に足を運び、最前線で働く職員を直接激励したいと考えていた。

令和元年七月二日、根本は東京検疫所東京空港検疫所支所に出向き、検疫の現場を視察する。発熱している方を見つけるためのサーモグラフィーや多言語翻訳タブレットを活用した入国外国人への検疫案内の実態や、感染が疑われる入国者を搬送する患者搬送待機室などの施設を視察、職員の説明に熱心に耳を傾けた。事態が生じた場合に備えシミュレーションを繰り返すなど、前線に立つ職員が常に意識を高く保っていることに、根本は心強さを感じたという。

また七月二九日には、薬物の取り締まりの最前線である関東信越厚生局麻薬取締部を視察した。麻薬取締部は、麻薬の取り締まりや薬物の不正ルートの解明などの薬物犯罪の捜査、正規麻薬の不正使用・横流し・盗難等の監視・捜査を担う薬物捜査のプロ集団である。メディアの関心も高く、大勢の報道陣が「マトリ」の視察に同行した。

年間の検挙者数が一万四、〇〇〇人と高止まっていること、一トンもの覚醒剤が押収される事例があることなど我が国の薬剤犯罪をめぐる状況や、薬物犯罪の取り締まり業務について説明を受けるとともに、情報管理分析室や薬物鑑定室などを視察した。その後、取り締まり業務に携わっている職員の皆さんに訓示を行い、激励をした。根本には、その際の職員の引き締まった表情と力強い視線が強く印象に残っている。

■Web版「サラめし」に登場

NHKの人気テレビ番組「サラめし」。そのサラめしのWeb版がNHKのホームページ内の人気コーナー［ＮＨＫ政治マガジン］に連載されている。

「大臣、一度登場していただけないでしょうか？」。根本匠は、ＮＨＫの厚労省担当記者から幾度となく声をかけられていたが、国会中は昼休み中にも事務方からの説明が目白押しで、とても落ち着いて食事ができる状況ではなかったので、「国会で忙しいので」と断り続けてきた。

しかし、国会論戦が山を越え、公務も政務も一段落したことからＮＨＫ記者の依頼に応じることにする。それが、［ＮＨＫ政治マガジン］の令和元年七月一日号にアップされた「『大臣、また問題が……』一五〇日の国会終え、何を食べた？」である。

「国会期間中は昼食の時間もままならなかった。早朝から国会答弁のレクチャーを受けて、昼も午後の国会に向けてレク。食事にあてられるのは一〇分程度で、衆議院と参議院の間の数百メートルを車で移動する時に急いで車内で食べることもあったよ」

一五〇日間にわたって野党と激しい攻防戦を繰り広げた通常国会をこう振り返り、議員会館の事務所で昼食の麻婆定食を、記者と会話しながら食べる様子が七枚の写真とともに紹介されている。

ちなみに、昼食時には必ずと言っていいほど生野菜サラダを、ドレッシングをかけずに食べる。ドレッシングを使わないのは、塩分を摂りすぎないようにするためで、特定保健用食品（トクホ）に指定されているお茶も、根本の〝サラめし〟には必需品となっている。朝食については、夫人がかなり気を使っているが、昼食は自分で気をつけるしかないのである。

第五章　未来への布石

一　全世代型社会保障制度改革に着手

◆「現役世代の急減」の新たな局面

令和元年一〇月、消費税率が八％から一〇％に引き上げられた。同時に、年金生活者支援給付金の支給や所得の低い高齢者の介護保険料軽減、介護職員の処遇改善などが図られ、二〇二五年（令和七年）を念頭に進めてきた社会保障・税の一体改革は一区切りを迎えることになる。

二〇二五年は、一九四七年（昭和二二年）から一九四九年（同二四年）に生まれた「団塊の世代」がすべて七五歳以上の後期高齢者になる年である。この二〇二五年の社会を強く意識しながら、地域医療構想を通じた病床の機能分化・連携、在宅医療の推進、地域包括ケアシステムの実現に向けた取り組み、医療保険制度の財政基盤の安定化、子ども・子育て支援新制度の創設など、様々な社会保障制度の改革が行われてきた。

二〇二五年のさらに先に見据えるのは、現在の定義による「現役世代」が急減した二〇四〇年である。

人口構造の推移をみると、二〇二五年以降は「高齢者人口の急増」から「現役世代の急減」へと局面が大きく変化する。六五歳以上の高齢者人口（推計）は、二〇二五年の約三、七〇〇万人から、二〇四〇年には約三、九〇〇万人と増加ペースは緩やかになる。一方で、一五歳から六四歳の生産年齢人口（推計）は、二〇二五年の約七、二〇〇万人から二〇四〇年には約六、〇〇〇万人と、一、〇〇〇万人以上もの大幅な減少が見込まれている。

就労者数が減少すること自体も課題であるが、高齢化の進展に伴い、医療・福祉に関わる就業者の需要が増加していくことが予想されている。二〇二五年では九三〇万人程度、就業者全体の一四～一五％程度であるところ、二〇四〇年では一、〇七〇万人程度、就業者全体の一八～一九％程度であるとされているのである。

高齢化社会を支える前提である医療・福祉のサービス提供体制を維持できるのか。世界に冠たる社会保障制度を支える基盤自体の強化が必要なのである。

もちろん、医療保険制度、介護保険制度、年金制度など社会保障制度の持続可能性を確保するための、給付と負担の見直しは常に大きな課題である。ただ、人口構造の新たな局面とそれに伴う社会状況の変化に対応するためには、従来のような社会保障の持続可能性を高めるための給付と負担の見直しにとどまらず、国民がより長く元気で活躍できるための対策を、早期に、総合的に手を打っていかなければならない。

まず「働く人」を増やすこと。たとえば、高齢になっても元気で意欲があれば生き生きと働き続けることができる環境をつくることである。障害のある人や就職氷河期世代で思うような就労ができていない人たちの就労・社会参加を進める必要もある。

さらに、自立した生活を送れる期間を長くすること。つまり「健康寿命」である。二〇一六年（平成二八年）の健康寿命は男性で約七二歳、女性で約七五歳程度とされている。意欲があれば長く働き続けることができるようにするほか、健康な生活習慣、疾病予防、お年寄りのフレイル（虚弱）予防や認知症予防などの取り組みを展開する。健康寿命を延ばすことができれば、医療・介護にかかる期間を短くすることも可能になる。

そして、医療・介護サービス自体を効率的に提供することができるようにすること。IoT（モノのインターネット）技術や5G（第五世代移動通信）・ポスト5G、AI（人工知能）、ロボットなどテクノロジーを活用した現場の生産性向上である。他の産業分野と比較すると、医療・福祉分野でのテクノロジーの活用はまだまだ「未開」である。医療・福祉現場へのテクノロジーの提供も、産業分野として大きく広がっていく可能性を秘めている。

厚生労働行政は、単に社会保障制度や雇用労働に関わる制度を担当するだけではなく、「現役世代の急減」という新たな局面を迎える中で、社会全体の活力を維持し向上させる、その中心にあることを強く意識しなければならないのである。

◆「2040改革本部」立ち上げ

すべての世代が安心できる「全世代型社会保障制度」の構築は、平成三〇年一〇月二日に発足した第四次安倍第一次改造内閣の大きな政策テーマであり、厚生労働大臣に就任した根本匠には安倍総理大臣から具体的な検討事項が指示された。

内閣発足から三日後の一〇月五日、総理官邸で開催された経済財政諮問会議でも社会保障制度が議題となり、内閣の最重要課題として全世代型社会保障制度の構築に取り組む方針を確認する。

この諮問会議において根本は、「消費税率の引き上げと社会保障の充実により、二〇二五年を念頭に進めてきた社会保障・税一体改革が一区切りつくことになる」と指摘した上で、今後は二〇四〇年を見据え、国民誰もがより長く元気に活躍できるよう、①高齢者をはじめとする「多様な就労・社会参加の促進」、②生活習慣病の重症化予防など「健康寿命の延伸」、③ロボットやAI、ICT（情報通信技術）の実用化推進、データヘルス改革など「医療・福祉サービス改革」――に取り組む方針を表明した。この三本柱は、その後の二〇四〇年を見据えた社会保障・働き方改革の基本骨格となっていく。

諮問会議では、このほか民間委員から認知症予防の取り組みや地域医療構想の実現、データヘルス改革の実行など具体的な提案がなされ、根本はこれらの提案に対しても在任期間内に答えを出していくことになる。

こうした改革に取り組むためには、省内の検討体制を新たに考える必要がある。根本は、省内に自身を本部長とする「2040年を展望した社会保障・働き方改革本部」を立ち上げ（一〇月二二日）、高齢者をはじめとした多様な就労・社会参加の促進、その前提となる健康寿命の延伸、労働力の制約が強まる中での医療・福祉サービス改革による生産性の向上などの検討を本格化させていく。

◆経産省と有識者会議──未来イノベーションWG

根本匠が考える社会保障改革は、従来型の制度の見直しにとどまらない。厚生労働省は平成三一年一月、医療・介護サービス改革の一環として、経済産業省と共同で有識者会議「未来イノベーションワーキンググループ（WG）」を設置した。

このWGは、二〇四〇年頃の人と先端技術が共生する未来の健康・医療・介護を描き、そこから逆算して中長期的な戦略を考える「バックキャスト」という画期的な検討手法を採用した。このため、委員はAIをはじめとする先端技術の研究者・識者や、医療・介護の現場でICTの導入などに積極的に取り組む未来志向の専門家で構成された。

WGの運営や議論自体も、従来型の審議会とは異なる様々な工夫があった。厚生労働省と経済産業省が共同で事務を担うこと自体も画期的である（通常は、一つの省庁が主体的に活動し、名前を連ねる他の省庁は協議先という扱いとなる）。

それだけではない。ICTを駆使して委員間で事前の意見集約とその共有を行い、議論を効率化したほか、グラフィックレコーディング（議論の要点をイラストにより表現し、論点の直観的な把握を可能とする手法）やグループワークを取り入れることで、短期間で幅広い論点の検討を柔軟な発想で行うことを可能とした。

「未来イノベーション」の名前のとおり、WGの運営自体も未来的で革新的だった。根本はこの会議に強い関心を持ち、座長の佐久間一郎東京大学大学院教授とも直接、時間をかけて意見交換をしている。

根本は、事務局を務める厚生労働省と経産省の若手官僚たちとも議論したいと考えたが、平日は国会審議等で多忙を極め、なかなか時間がつくれない。そこで、週末の休日に集まってもらい、長い時間意見を交わした。

このように議論を重ねながら若手官僚の政策立案能力を磨き、新しいことに挑戦するのを応援しよう、というのが根本の官僚育成手法であり、かつて「匠フォース」に集った若手官僚たちも、根本とのバトルトーク（闘論＝激しい議論を意味する根本の造語）によりそれぞれの官庁で優秀な幹部へと成長を遂げている。

余談だが、大臣と官僚の垣根を取り払っての、根本とのバトルトークに感動した厚生労働省の若手たちが、その記念にと、それぞれの思いを書き綴った色紙を根本に贈呈した。根本は、その色紙を今も大切に飾っている。

◆社会を変える技術革新への期待――中間報告受け取る

未来イノベーションWGは、三回にわたる検討会合を経て、平成三一年三月一九日に中間報告をとりまとめ、佐久間座長から根本匠に報告書が提出された。

この報告書では、まず「先端技術が溶け込んだ二〇四〇年の社会における健康・医療・介護のイメージ」が描かれている。二〇四〇年に向けては、医療や介護の供給側（専門職）と需要側（患者・利用者）という一方的な関係性ではなく、先端技術の活用などにより、誰もが支え手になり、共に支え合うネットワーク型の社会が理想像として示された。

加齢や病気によって心身に不調をきたしたからといって、持てる能力すべてが失われるとは限らない。足に障害のある高齢者でも豊富な知識や経験は伝えられる、認知機能が弱っていても体力は十分にあり、豊富な経験を活かしたサービスもできる。それぞれが、持てる能力を活かして社会とつながり、補い合う。

一見理想論のように聞こえるが、最近の先端技術がこれを可能にする。自動運転技術やロボット技術により、身体機能に支障が生じても移動は苦ではなくなる。認知機能が衰えても、ＡＩやＡＲ（拡張現実）技術により意思決定が支援され、自律した日常生活を送ることができる。技術の支えによって、これまで支えられる側だと見られていた人も、支える側に回ることが可能になるのだ。

もちろん、新しい技術の導入により、医療や介護の専門家同士の間での支え合いも容易になる。たとえば、ＶＲ（仮想現実）技術などで、スキルが不足する新人医師でも遠隔でベテランの医師・その他の専門職のサポートを受けながら最適な治療方針を決められる。豊富な経験を有する専門職は、体力の衰えを気にせず自宅から遠隔で、生涯現役で活躍することもできるだろう。

人々の普段の健康管理の在り方も様変わりする。身に着けることができるウェアラブルコンピュータなどにより個々人の健康状態・嗜好・生活習慣のデータを蓄積し、ＡＩが分析、疾病のリスクを示した上で本人が予防の取り組みを選択できるようになるはずだ。専門家・非専門家の境界線、役割分担も変わっていかざるを得ない。

こうした社会の実現のために、先端技術を受容する社会システムの整備や、イノベーション（技術革新）推進のための野心的な研究開発への官民での投資促進などの戦略が検討された。私たちの望む未来をつかみ取るためには、研究開発の手法も技術ありきではなく、未来像からバックキャストする手法を取る必要がある。

そこで、政府が新たに導入した「ムーンショット型」の研究開発の仕組みを、健康・医療分野にも取り入れることとした。ムーンショット型の研究事業では、「月に行って無事に地球に戻る」といったような大胆なゴールのみを掲げ、その手法については柔軟性を許容する。研究には不確実性がつきものである。野心的な目標を掲げるとともに、試行錯誤を許容し、研究者の意欲と柔軟な発想を引き出すことで、未来像の実現につなげていく。

早速、令和二年度の当初予算案に、厚生労働省、経産省に文科省を加えた三省合同の「健康・医療分野におけるムーンショット型研究開発事業」として一〇〇億円が計上された。未来イノベーションWGの提言を踏まえ、人生一〇〇年を前提として、いつまでも明るく健康であり続けることができる社会の実現を目指している。この事業から、中間報告で描いた未来社会を現実のものとする技術や社会システムが数多く生み出されることを期待したい。

◆ウイング広げる「政策対話」

根本匠は、厚生省時代に政務次官を務めるなど社会保障に長く関わると共に、不良債権処理や産業再生といったその時期に大きな問題となっていたテーマを手がけるなど経済分野を得意とする。農業や住宅、金融など様々な分野に精通しており、「経済のオールラウンドプレーヤー」として数多くの政策立案に携わってきた。

そんな根本からすれば、社会保障・働き方改革を厚生労働行政の分野だけで考えていくことは、視野が狭く、ややもすると「殻に閉じこもっている」ように感じられる。そこで、厚生労働行政のウイングを広げる狙いから取り組んだのが「厚生労働大臣政策対話」だ。

根本が選んだ政策対話のテーマは、「農福連携」、「住宅政策」、「金融政策」、「健康な食事」、「創薬」の五分野である。この野心的な試みは、平成三一年三月二八日から令和元年五月二〇日にかけて実施。国会対応に忙殺される合間を縫って、各分野の第一線で活躍する方々を大臣室に招き、具体的な取り組みについて説明を受けると共に率直な意見交換を行った。

根本にとっては、有意義かつ非常に刺激的な試みで、「農福連携」では幅を広げて「林福連携」の取り組みについても興味深い話が聞けたり、「住宅政策」では生活困窮者にサブリース方式により低家賃で住宅を提供する取り組み事例など、一連の政策対話を通じ多くの提言やヒントを得ることになる。

この政策対話は「2040年の社会保障・働き方改革」のとりまとめに大きく寄与した。縦割りの殻に閉じこもりがちな厚生労働省の事務方にとっても、自分たちのウイングを広げる貴重な機会となった。

このように政策対話は有意義だったが、中でも農福連携は政府全体の大きな方針となっていく。平成三一年四月に「農福連携等推進協議会」（議長・菅官房長官）が立ち上げられ、副議長に就いた根本は、政策対話の成果も踏まえ農福連携と地域共生社会についての考え方を表明するなど、議論をリードした。

翌五月、総理官邸で「安倍総理と障害者の集い」が開催された。これは、共生社会の実現に向けた取り組みを加速し、二〇二〇年東京オリンピック・パラリンピックに向け障害のある方の文化芸術活動を通じた機運情勢を図る目的で開催されたものである。

この集いでは、農福連携の推進の一環として、障害者福祉施設による農福連携の商品販売も行われた。根本の地元の福島県では、早くから農福連携に力を入れており、福島県授産事業振興会として泉崎村の社会福祉法人「こころん」、会津若松市の社会福祉法人「心愛会」、南会津町のNPO法人「あたご」が参加、米やドライフルーツなど農福連携の商品を販売した。安倍総理からも話しかけられ、堂々と商品をPRしていた。

このイベントでは、障害者の芸術作品などの展示も行われ、社会福祉法人「安積愛育園」が運営するアール・ブリュットの美術館である「はじまりの美術館」（猪苗代町）も出展した。この法人は半世紀にわたり、主として知的障害や精神障害ある方々を対象に支援事業を行ってきた福島県を代表する法人である。同館の作家である青木尊氏、渡邉行夫氏の作品が展示され、その迫力のある作品は、総理や関係閣僚はじめ多くの方々の注目を集めた。

農福連携等推進協議会は六月に、農福連携のさらなる推進に向けた方策を示した「農福連携等推進ビジョン」をとりまとめるが、根本はここでも自らの政策ブレーンを活用する。厚労省の政策参与として農林水産関連分野の助言役を務める皆川芳嗣（元農林水産事務次官）である。

皆川は、若い頃から根本と農政に関して議論をしてきた親しい間柄で、根本の意を受け農福連携のためのアイデアを次々と根本に提供。皆川がチェックした資料については、担当部長が「皆川参与にも見てもらいました」と前置きして根本に提示するなど、事務方の信頼も厚い。

皆川の働きは根本の期待通りで、ビジョンづくりに大きく貢献した。日本農福連携協会を自ら立ち上げ、農福連携に力を入れていた皆川自身にとっても、ビジョンづくりの過程における学びは「有益だった」という。

◆就職氷河期世代を強力支援

「就職氷河期世代の方々の活躍の場をさらに広げるための三年間の集中プログラムを、この夏までに諮問会議でとりまとめてほしい」

平成三一年四月一〇日の経済財政諮問会議では「就職氷河期世代」の支援に向けた取り組みの必要性がテーマとなり、安倍総理は、就職氷河期世代の方々の活躍の場をさらに広げるための集中プログラムの作成を指示する。

根本匠は、地元郡山市で長く就労から遠ざかっている人たちの支援を行っている方々と交流があり、就職氷河期世代の支援には「単に就労支援をするだけではなく、就職からは遠く社会参加に向けた取り組みが必要なひきこもり状態にある人など、一様ではない取り組みが必要だ」と常々感じていた。

就職氷河期世代の支援ということになれば、雇用分野から福祉分野まで非常に幅の広い政策対応が必要になる。大臣室でのブレーンストーミングには、毎回一〇人前後の担当職員が参加し、大臣である根本との間で上下なく意見やアイデアを出し合うなど自由闊達な議論を繰り広げた。

一様ではない取り組みが必要なことを、担当職員に繰り返し説く根本。回を重ねるにつれて、職員らも根本の問題意識をしっかりと受け止められるようになっていく。そして、多様な状態像を、①有期雇用や派遣労働など不安定な就労状態にある方、②長期にわたり無業の状態にある方、③引きこもりの状態にあるなど社会参加に向けて支援を必要とする方——に整理し、それぞれの状態像に応じた支援の在り方を大臣に提案する。この方向性こそが、根本の意向に応えるもので、ブレーンストーミングの成果である。

ところで、根本が就職氷河期世代の支援に力を入れたのには、安倍総理の指示のほかに、もう一つ大きな背景がある。「厚生労働省分割論」だ。

恒常的に多忙な状態が続く厚生労働省は、ここ数年の間に様々なミスが相次いでおり、そのたびに「厚生労働省分割論」が浮上する。今回も、統計問題を機に分割論が浮上、野党などから「巨大官庁であることが原因。分割すべし」との声が上がった。

第三章で詳述したように、根本は分割論には反対の立場をとる。「国民生活において、厚生分野の施策と雇用・労働分野の施策は切り離せない関係にある」からだ。

たとえば、子ども・子育て施策と働き方改革、障害福祉施策と障害者雇用施策の進展は、紛れもなく厚生省と労働省の統合の成果である。就職氷河期世代の支援は、状態像が多様であるために、まさに厚生分野の施策と雇用・労働分野の施策を一体として展開する必要がある。

根本とブレーンストーミングを行った厚生労働省の担当者も、部局横断的に議論を行った上で、広い視野で施策を提案した。「厚生労働省の職員が〝たこつぼ〟に入らず、広い視点で政策立案能力を磨いてほしい」というのが、根本の思いだ。

厚生労働省が令和元年五月にとりまとめた「就職氷河期世代活躍支援プラン」は、こうして練り上げられていった。

◆「2040改革本部」が方針打ち出す

こうした様々な議論が同時並行で進められ、そのゴールとなったのが、令和元年五月二九日の「2040年を展望した社会保障・働き方改革本部」である。

前述したように、根本匠は平成三〇年一〇月の経済財政諮問会議において、「多様な就労・社会参加」「健康寿命の延伸」「医療・介護サービス改革」の三本柱について検討を進めていく考えを表明していた。

このうち第一の柱である「多様な就労・社会参加」については、二〇四〇年の人口構造に対応し、我が国の成長力を確保するためにも、より多くの人が意欲や能力に応じ、より長く活躍できる環境整備が必要となる。七〇歳までの就業機会の確保、地域共生・地域の支え合いの実現、人生一〇〇年時代に向けた年金制度改革等の改革をしっかり前に進めていく必要性を提案した。

「厚生労働省就職氷河期世代活躍支援プラン」は、その一環としてとりまとめた。不安定な就労状態にある方に対してはハローワークでの相談の強化や職業訓練の充実など安定的な就労に向けた施策、長期にわたり無業の状態にある方に対しては地域若者サポートステーションの対象年齢を拡充するなど就職実現に向けた基盤整備、社会参加に向けて支援を必要とする方に対しては引きこもり支援や生活困窮者自立支援などの相談体制の強化など支援を必要とする方に支援が届く体制の強化、といったように、個別の事情に応じたきめ細かな施策を丁寧に設計している。

二つ目の柱である「健康寿命の延伸」については、「二〇一六年を起点として、二〇四〇年までに健康寿命を男女とも三年以上延伸し、七五歳以上を達成する」との目標を掲げ、「通いの場」のさらなる拡充や、「ナッジ（nudge）」の考え方を活用した自然に健康になれる環境づくりの取り組みや健診・検診の受診勧奨などの施策を掲げた。

ナッジという耳慣れない言葉がここで登場するが、行動経済学の知見に基づく新たな政策手法で、人々が自発的に望ましい行動を選択するよう促す仕掛けや手法を示す用語として用られる。直訳すると、肘で軽く突くといった意味になる。

三つ目の柱である「医療・福祉サービス改革」については、医療・福祉分野の単位時間当たりのサービス提供量を二〇四〇年までに五％以上改善することを目指すプランを策定した。医療・介護分野でのロボット・ＡＩ・ＩＣＴ等の実用化推進、データヘルス改革、ある職種がこれまで担っていた業務の一部を他の職種に移すタスクシフティングやシニア人材の活用推進などを提言している。

その後、この方針に基づき、各種施策が展開されるとともに、法改正が準備されている施策もある。この項の冒頭でも述べたように、「現役世代の急減」という新たな局面を迎える中、社会全体の活力を維持し向上させることは、厚生労働行政に課された大きな役割と責任である

（「2040年を展望した社会保障・働き方改革本部のとりまとめ」を巻末に収録＝資料③）。

二　IoT活用し「明るい社会保障」

（一）「攻めの社会保障改革」

根本匠は、厚生労働大臣に就任する前に自民党の金融調査会長を務めている。その際に取り組んだのが「フィンテック（FinTech）」だ。

フィンテックとは、金融（Finance）と技術（Technology）を組み合わせた造語で、金融サービスと情報技術を結びつけた様々な革新的動きを指す。身近な例でいうと、スマホで買い物の決済や送金ができるようになったが、これもフィンテックの一つである。

フィンテックは、生活に関連するリアルなデータから価値を生み出す手法と捉えることができる。高齢者や障害者の方々の生活や社会参加の支援にも有効なツールとなるものであり、厚生労働大臣に就任した根本は、医療・介護分野でも積極的に活用を進めるべきだ、と考えた。厚生労働省でもフィンテックを巡り様々な検討が行われており、こうした動きを根本は積極的に後押ししていく。

令和元年九月上旬、金融庁と日本経済新聞社が都内で開催したフィンテックの活用をテーマにした「FIN/SUM（フィンサム）２０１９」で、根本が講演を行っている。麻生副首相・財務相・金融担当相や黒田東彦《はるひこ》日銀総裁、遠藤俊英金融庁長官ら金融分野の第一人者が講師に名を連ねる中、現職の厚生労働大臣の講演は注目を集めた。

講演のテーマは「未来を見据えた攻めの厚生労働行政―FinTech/Regtech―」。根本は、金融データを活用した認知症高齢者の方の生活支援など、厚生労働分野での展開の可能性にも言及しながら講演を行った。

社会保障は、人々の生活を支える仕組みであり、医療・介護・福祉といった限定された領域に閉じることなく、生活に関連する幅広い産業と問題意識を共有し、協力をしながら進めていくことが重要である、と根本は考えている。その際に協力すべき重要な産業の一つが金融であり、その基幹技術がフィンテックであるとの捉え方だ。

フィンテックと金融産業のポテンシャルを活用して多様な社会保障ニーズに応えることができれば、新しいイノベーションが生まれ、国富が増大する。社会保障の充実とイノベーションによる新成長とを同時に達成するという考え方だ。根本は、これを「攻めの社会保障改革」と呼んでいる。

（二）「データヘルス改革」を推進

我が国では、世界に例を見ない速度で高齢化が進行しており、二〇五〇年には高齢化率が三六％に達すると見込まれる。こうした社会の変化を背景に、世界に先駆け国民皆保険を中心とする我が国の保健医療制度などの持続性を維持しながら、一人一人の健康寿命をどう延ばすかという未曾有の問題の解決に、早急に取り組む必要がある。

このため厚生労働省では、医療、介護、個人の健康管理情報などこれまで分散していた情報を連結して「ビッグデータ」を構築し、これを基にＡＩ解析などを加え、データをより実効性のあるサービス提供に活かそうという「データヘルス改革」に着手した。

具体的には、がんゲノム解析・がんゲノム医療の拡充、スマホやパソコンで自分の健康状態や服薬情報などのデータを閲覧できる仕組み（ＰＨＲ）、医療のレセプト情報のデータベース（ＮＤＢ）や介護のレセプト情報のデータベースなど関連データベースの連結、医療介護現場での情報連携などに取り組んでいる。

経済財政諮問会議でもデータヘルス改革は注目されており、特に関心が高いのが、医療介護現場における情報連携である。

医療の情報には、レセプト情報から得られる服薬情報や受けている検査の情報のほか、カルテ情報から得られる画像診断結果や検査結果など様々な情報がある。すべての情報を共有するのなら、電子カルテの導入とその情報を共有できる環境整備を行わなければならない。これは究極の目標だが、一方で現場ではまず服薬情報が分かればよいという声もある。

根本匠は、担当者に「現場は何を求めているのか、それぞれの問題点や課題は何かを明確にするように」と指示するとともに、自らも関連論文などを取り寄せ、介護医療の現場の分析を行った。抽象論や理念論ではいかない、現場主義の根本らしいアプローチである。

こうした検討作業を経て、根本は令和元年五月三一日の経済財政諮問会議において、「全国の医療機関などでレセプトに基づく薬剤情報や特定健診情報を確認できる仕組みについて、二〇二一年一〇月以降稼働させることを目指す」との方針を示した。また、カルテ情報から得られる画像診断結果や検査結果などを医療機関などで確認できるネットワークの構築については、「二〇二〇年夏までに、その実現のための工程表を策定する」こととし、優先順位を明確にしたのである。

経済財政諮問会議では、マイナンバーカードによる被保険者資格確認の仕組みについても関心が高かった。マイナンバーによりオンラインで被保険者資格確認が行える仕組みの導入は、診療現場では事務の簡素化につながるとともに、被保険者証を持たなくても診療を受けることができるようになることから、マイナンバーカード普及のメリットとしても期待されていた。この手続きは、第一九八回通常国会で成立した健康保険法等の改正法に盛り込まれている。

（三）介護効率化への取り組み

介護現場の人手不足は深刻である。介護職員の処遇改善が必要なのはもちろんだが、現場の負担軽減も喫緊の課題だ。

厚生労働省は平成三〇年一二月、人手不足が深刻な介護現場の負担軽減を目指す業界団体と行政が一体となって検討を進める「介護現場革新会議」を立ち上げた。根本匠は、現場が主体的に考えていくことを主眼に置くこの会議に期待を寄せた。

「介護現場革新会議」が平成三一年三月にとりまとめた「基本方針」は、業務の洗い出しと切り分け・役割分担、周辺業務における元気高齢者の活躍、ロボット・センサー・ＩＣＴの活用、介護業界のイメージ改善などを柱とし、今後の取り組みへの希望が感じられる内容であった。さらに、令和元年度からは、福島県を含む七自治体で「介護現場の革新に関するパイロット事業」がスタートしている。

＊　＊　＊

令和元年七月。根本匠は、損害保険大手ＳＯＭＰＯホールディングスが、都内に開設した介護の実験施設「Future Care Lab in Japan」を視察した。在宅ケア部門の最大手である同社が、介護現場の生産性向上、利用者の自立支援、介護職員の負担軽減に資する機器の開発、ケアモデルの構築を目指し、実際の介護施設を模した空間で実証を行っている施設である。センサーを活用した夜間の見守り、自動運転の技術を活用した食堂への車いす誘導システムなど、現場での負担軽減に直結する機器が介護の現場を支えており、ICT（情報通信技術）やデジタル技術などを積極的に採り入れ人手に頼らない現場づくりを加速させようという同社の取り組みを、根本は時間をかけて視察した。

医療・介護の市場は大きい。テクノロジーが入る余地も大きい。根本は、介護（Care）と技術（Technology）の融合を目指す「ケアテック（CareTech）」の進展に注目する。

根本は、フランスが発祥の介護ケア技法「ユマニチュード（Humanitude）」についても注目している。ユマニチュードは、「人間らしさ」を意味するフランス語で、相手の人間らしさを尊重し続けるという哲学に基づいて「あなたは私にとって大切な人間です」というメッセージを伝えるため、「見る」「話す」「触れる」「立つ」の基本動作を重視。四〇〇以上の接し方の技術があり、地元の郡山でも郡山市医療介護病院が平成二六年度からユマニチュードに取り組んでいる。患者や家族へのケアの質が向上したことはもちろん、「やさしく温かい組織風土」が定着したという。

（四）未来からのバックキャスト

前述したように未来イノベーションWGでは、まず未来の在るべき社会を構想し、そこからバックキャストをして今我々が取り組むべきことを考えるという画期的な手法で検討が進められた。

根本匠がこのWGにおける未来構想に込めた自らの考え方は二つある。一つは、「多様性」を前面に押し出すことだ。従来の産業活動においては、平均的なニーズ、あるいは、ある程度まとまったニーズを捉えて、量的な拡大を行うことが目標だった。個々人の多様なニーズを把握する手段が十分になく、また、供給する側も、多様なニーズに応えるのは、コストが高くなりすぎると考えられていた。現在の社会保障もこのモノづくり由来の考え方の中にとどまっている。

しかし、現在の社会をよく見てみると、ＡＩとＩｏＴを活用することで個々人の購買履歴や生活パターンなどから、多様なニーズを把握し分析できるようにそれは変化している。たとえば、日々の生活のきめ細かな情報を把握し、分析対象とするフィンテック（FinTech）はその最も強力な手段である。それに応える供給側においても、多様な商品・サービスの生産を可能とする革命が起こりつつある。

典型例は、３Ｄプリンターだ。コストのかかる金型《かながた》なしに、しかも設計情報を送るだけでどこでも生産が可能になる。また、急成長したニュースのまとめサイトでは、大量にある情報の中から、個々人の嗜好に合った情報を自動的に選んで提供してくれる。大量生産により、ニーズの平均値や中央値に対応するのではなく、多様なニーズそのものを捉えて、それに対し多様な商品・サービスを提供する、そうしたことが可能な時代が到来しているのだ。

社会保障分野は、個々人の事情の差異が特に多様であるだけに、この「多様なニーズそのものを捉えて、それに対して、多様な商品・サービスを提供する」との発想への転換が特に大きな価値を生む。

もう一つは、「新しい価値」を捉えることである。モノが溢れる中で、社会が求める「価値」の中身が変化している。工業化時代の価値の中心は、コスト、品質、性能、耐久性、納期といったことに置かれていたが、現在では、それらに加え、地球環境へのやさしさ、倫理観や公正さ、家庭的な温かさ、感謝の気持ち、心躍る経験、地域固有のストーリーへの共感といった人の感性に根差した価値が重要になってきている、と根本は考える。さらに今、こうした新しい価値への認識は、ネットを通じて、世界に広がりつつあるのだ。

後述するが、根本は平成三一年三月、厚生労働省内に期間限定でオープンした「注文をまちがえる料理店」で体験した時のことを、未来投資会議の場で披露したことがある。

この料理店で注文を取り料理を運ぶ接客係は、全員が認知症当事者の方々で、「絶対に注文を間違えてはいけない」という旧来の価値観では開店できなかったかもしれない。

しかし、実際に体験してみると、おいしい料理と温かい雰囲気に勝るものはない、と根本は感じた。それと比べれば、注文の間違いが多少あったとしてもどうということはない。この話をした時、官邸の大会議室の出席者がみな根本の方を振り向いた。正鵠を射た指摘だったのだろう。

こうした新しい価値に着目することで、全世代参加型社会またはインクルーシブ（包摂的）な社会を実現できるはずだ。「注文をまちがえる料理店」のように新しい価値を追求することで、年齢や障害の有無などを問わず、だれもが重要な担い手になり得る。

また、地球環境へのやさしさ、心躍る経験、共感できるストーリーということであれば、どの地域にも独自の良い資源があるはずだ。それを掘り起こすことにより、社会保障の充実だけでなく、地方創生にもつながるのだ。

こうした発想を取り入れてとりまとめられた未来イノベーションWGの報告書の詳細については、先に詳述しているのでここでは省略するが、WGの事務局を務めた厚生労働省の若手職員たちから贈呈された色紙の寄せ書きには、次のような一文があった。

「大臣の意識の高さと目に見えない部分も含めたご努力の一端に触れることができ、大変感銘を受けました。一担当職員の立場ではありますが、目線を高く、きちんと勉強をし、大臣をお支えしていきたいとの気持ちを新たにしました」

若者の心に響くことは、根本にとっては代えがたい喜びである。

このWGの時間軸、二〇四〇年までの二〇年余を一人の大臣、あるいは一つの政権の任期で対応できるはずもない。二〇四〇年に向けて、今後の厚生労働行政を支える若手職員をサポートすることはもちろん、次の世代を担う若手の議員にも、しっかりとバトンをつながなければならない。厚生労働大臣を退任して党務に戻った根本は令和元年一一月一五日、自民党の有志議員から成る「医療介護における未来イノベーション戦略研究会」を立ち上げている。

この研究会では、未来イノベーションWGの報告書の進捗状況をフォローアップしつつ、テクノロジー導入に対し積極的な取り組みを行っているサービス事業者や専門家との議論を経た上で、医療・介護や健康分野における先端テクノロジーの活用に向けて取り組むべき戦略をとりまとめ、党内や政府に提言していく方針だ。

国民の生活と密接不可分の健康・医療・介護領域の改革を前に進める上では、行政にできることに限りがあることもまた現実である。「国民の負託を受けた政治がその役割・責任を果たさなければならない」と根本は語る。

(五)若手が先導「ICT利活用」

厚生労働省は、省内におけるICT(情報通信技術)の利活用を進めるため、大臣を本部長とする「ICT利活用推進本部」を設けている。この本部の下部組織「ICT利活用推進チーム」については、柔軟な発想での取り組みを推進するため、若手職員から参加者を募り、総勢二一名の若手が実働部隊として具体策の検討を進めてきた。

この若手チームの検討結果がまとまったとの報告を受けた根本匠は、代表の五名を大臣室に呼び、直接説明を聞くことにした。局長や課長が同席することなく、課長補佐以下の若手職員だけで大臣の説明役を務めるのは極めて異例だが、思っていることをズバッと口に出し、上下関係を意識しない率直な物言いを根本は気に入った。後日、推進チームのメンバーを食事に誘い、若手の様々な意見に耳を傾けた。

この若手職員たちの報告は、平成三一年二月二六日のＩＣＴ利活用推進本部において了承され、「厚生労働省ＩＣＴ利活用推進チーム提案のフォローアップ結果」として公表されている。

◆国会議員にオンライン・レク

第三章で詳しく述べたが、根本匠は平成三一年四月、厚生労働省の改革を進めるにあたって若手の率直な意見を聴くため「厚生労働省改革若手チーム」を設置させた。

その中心を務める課長補佐から、根本はある相談を受ける。インターネット環境を整えたブースを省内に設け、国会議員へのレクチャー（説明）をオンラインで行う取り組みを試行してみたいというのだ。

この課長補佐によれば、厚労省改革を後押しする自民党の小泉進次郎厚生労働部会長が「いいじゃないか」とオンライン・レクに賛同、「僕が最初にレクを受けてもいい」と言っているという。

「だったら大臣会見で大々的に発表しようじゃないか」。根本は六月一一日の定例記者会見の冒頭、「厚生労働省改革若手チームの提案を踏まえた実証実験の開始」を発表する。

七月から半年間、Ｗｅｂ会議ができる遮音型の個室ブースを省内に設置し、国会議員にオンラインで政策説明を実施するもので、根本は「この実証実験は、若手の皆さんによる、この組織を変えていこうというチャレンジの表れの第一弾であり、厚生労働省の働き方改革につながることを期待したい」と付け加えた。

この記者会見の模様はNHKが報じ、「ニュースを見た」という日本維新の会の東徹《あずまとおる》参議院議員が、一三日の参議院厚生労働委員会で「是非協力させていただきたい」と全面的に賛意を表明した。

「そういった改革は非常に大事なことと思う。会館まで来ていただいて、その行き帰りだけでも相当な時間を費やしていると思うし、（オンライン・レクで）働き方改革がちょっとでも進むのであればいいことだ。是非協力をさせていただきたい」

厳しい国会審議が続く中、根本にとっては「我が意を得たり」の〝論客〟議員の発言だった。

三　障害者雇用促進法の改正に取り組む

平成三〇年八月。国の行政機関の多くで、障害者雇用者数を不適正に計上し、実際には障害者の法定雇用率を満たしていないことが発覚する。根本匠が厚生労働大臣に就任する前のことで、二・五％と言われていた障害者雇用率が実際には一・二％、法定雇用者数に不足する障害者数は三、五〇〇人にも及ぶという衝撃的な事実が明らかになったのである。

◆改正法が成立

平成三一年一月二八日に召集された第一九八回通常国会に、厚生労働省は五本の法律案を提出する。そのうちの一本が、「障害者の雇用の促進等に関する法律の一部を改正する法律案」(改正障害者雇用促進法)で、公務部門と民間企業における障害者雇用の一層の促進を図るため、短時間労働以外の労働が困難な状況にある障害者を雇用する事業主を支援するとともに、厚生労働大臣から国などの機関の任命権者に対する報告徴収の規定を設けるなどの措置を講じることを内容とする法案である。

衆参両院の厚生労働委員会における法案審議では、当然のことながら内容に関する質問のほか、臨時国会から約三か月経過した後の行政機関における障害者雇用の進捗状況について、与野党問わず多くの議員が次々に質問を浴びせた。

答弁席には、不適正計上が多く、野党やマスコミのやり玉に挙がった国税庁や国交省、法務省など他省庁の副大臣、政務官、局長クラスなどの答弁者がずらりと並ぶ。

そして、野党議員から「国税庁が七六八人、国交省が五二二人、これだけの人を今回採用したが、本当にしっかりとサポートができるのか危惧している。本当に雇用された障害のある方が職場での困り事に対して、どういうふうに相談に乗る体制ができているのか」など、次々に質問が浴びせられた。

「障害者の公務部門と民間企業との取り合いが生じているのではないか?」

「採用した障害者の定着状況はどうか?」

「納付金制度を国にも導入すべきでは?」

「民間企業に対する納付金制度は一回停止すべき?」

野党側の質問は制度論にも及ぶが、根本は矢継ぎ早の質問にもぶれずに答弁を続けた。

「(取り合いや定着状況については)採用状況などの実態をきちんと把握した上で検討する」

「納付金は、障害者雇用に伴う企業間の経済的負担を調整し、事業主間の公正な競争条件を確保するものであり、国にはなじまない。仮に国に納付金を課せば、結果として、国民負担(税金)で賄うことになる」

「納付金制度の目的は社会連帯の理念の下、障害者の雇用に伴い、職場のバリアフリーなど職場環境の整備で必要となる経済的な負担を調整し、事業主間の競争条件を確保することなどにあり、こうした目的は維持すべきだ」

第一章で述べたように、委員会審議が予定されている日の根本匠は、早朝から大臣室で答弁に備えて担当の幹部らと打ち合わせを行う。その際、根本が幹部らに言い続けたことは、「自分の庭先のことだけ答えてはだめだ」ということだ。

大臣答弁案を作成する者が、自分の担当範囲のことだけを答えるような答弁案を作成すると、根本は決まって修正を指示した。たとえば、内閣人事局が担当である障害者の採用試験について、答弁で触れられていないことがあった。担当が厚生労働省でないとしても、障害者雇用を所管する大臣として、これだけ大きな問題に対応する政府の責任者として、しっかりと答弁しなければならない。そういうことに所管を超えて対応できるよう幅広い視野を持て。全体像を常に把握せよ。これが、担当者に伝えたかったことである。

大臣室での打ち合わせに同席していた係長クラスの若手職員によれば、「資料を表面的に確認するのではなく、その根底にある思想や歴史を踏まえた本質的な議論をしてくださった」ことが強く印象に残っているという。

根本は、若手への気遣いもみせ、「『大臣室に入ったら職階は関係ない、皆で議論しよう』と、末席の若手職員に対しても自由に発言できる雰囲気をつくっていただいた」という。

ともあれ、こうした努力が功を奏し、改正障害者雇用促進法は会期末直前の六月七日に成立する。

改正法成立から二か月後、直近の国の行政機関の障害者雇用の状況が公表された。平成三年一〇月に政府として対策をまとめてから半年の間に国の行政機関に採用された障害者数は約三、四〇〇人。進捗率は、各行政機関が定める令和元年中を期限とする採用計画の八割に到達した。前年一・二％だった雇用率は二・三％と大幅に改善された。

◆障害のある職員と懇談

障害者雇用者数の不適切計上問題に取り組む根本匠には、ひとつ気にかかっていたことがあった。それは、「この問題が単なる数合わせに終わってはいけない。雇用された障害者が生き生きと働ける場を作らなければならない」ということである。

現場の声を聞きたい。根本の意向を受け、厚生労働省は九月一〇日に障害のある職員一〇名と大臣の懇談の場を設けた。大臣室に現れた一〇名は、いずれも選考採用の第一期生で、意欲的に仕事に取り組んでいるという話に、根本はある種の感動をおぼえつつ時折メモを執りながら真剣に耳を傾けた。

厚労省の障害者雇用の取り組みは、制度の責任を負っているだけあって「他省庁のモデルとなり得るものだ」と確信する一方で、「まだまだ改善の余地がある」ことも分かり、同席した人事課の調査官に職場環境改善への取り組みを指示した。

これが、根本匠厚生労働大臣の事実上最後の公務となる。

四　児童虐待防止対策を強化

◆悲劇の連鎖を断て

平成三〇年三月。東京都目黒区で、五歳の船戸結愛《ゆあ》ちゃんが、父親のたび重なる虐待の末に亡くなるという、何ともやりきれない悲惨な事件が起きる。

「パパとママにいわれなくてもしっかりとじぶんからもっともっときょうよりかあしたはできるようにするから　もうおねがい　ゆるしてくださいおねがいします」

結愛ちゃんが大学ノートに記していた悲痛な文章には、胸が締め付けられる。

この事件を契機に、政府は児童虐待防止対策の強化に乗り出す。六月に安倍総理を議長とする「児童虐待防止対策に関する関係閣僚会議」を立ち上げ、七月には「児童虐待防止対策の強化に向けた緊急総合対策」をまとめる。

結愛ちゃんの事件で喫緊の課題として指摘された「転居した場合の児童相談所間における情報共有の徹底」、「子どもの安全確認ができない場合の対応の徹底」、「児童相談所と警察の情報共有の強化」などを内容とした、児童虐待防止対策の強化策である。

当時、厚生労働省では、平成二九年の法改正で積み残した事項について、児童虐待防止法などの改正を検討中で、こうした中、根本匠が厚生労働大臣に就任、児童虐待防止対策の陣頭指揮を執ることとなる。

◆虐待防止対策法案をまとめる

根本匠の陣頭指揮の下、厚生労働省は年末に向けて関係省庁と共に児童相談所の体制強化を検討、一二月一八日に児童相談所の児童福祉司を三、二四〇人（二〇一七年度）から二〇二二年度までに二〇二〇人増員することなどを柱とする「児童虐待対策体制総合強化プラン」をとりまとめる。

年明けに召集される第一九八回通常国会では、児童虐待防止対策が大きな争点となることは間違いない。臨時国会の閉幕で委員会審議から解放され、時間的に余裕が出てきた根本匠は、児童虐待防止対策の現場を自身の眼で確かめることにした。

根本は一二月二五日、養育困難や児童虐待、非行などの問題を抱えている子どもと家族に対し、相談対応や一時保護、里親委託、施設措置などの支援を行っている北新宿の「東京都児童相談センター（中央児童相談所）」を訪問。現場での玩具による心理療法やモニターを使った面接手法などの取り組みを視察した。

しかし、厚労省を中心に児童虐待防止対策のさらなる強化に取り組んでいる中、悲劇は再び起きる。

年明け一月二四日、千葉県野田市の小学四年生、栗原心愛《みあ》さん（一〇歳）が、父親による苛烈な虐待の末に亡くなったのだ。

「お父さんにぼう力を受けています。夜中に起こされたり、起きているときにけられたり、たたかれたりしています。先生、どうにかできませんか」

前年一一月に小学校が行ったアンケートに、心愛さんはこう訴えていた。

ところが、である。このアンケート結果を、あろうことか父親に渡していたことが判明、「心愛ちゃんの発するSOSを、何故受け止められなかったのか」が厳しく問われることとなった。

事態を重視した政府は、間髪を入れず対応策の検討に着手、二月八日の「児童虐待防止対策等に関する関係閣僚会議」において、「緊急総合対策の更なる徹底・強化について」をとりまとめた。緊急安全確認として、①児童相談所において、在宅で指導しているすべての虐待ケースについて、一か月以内に緊急的に安全確認する、②全国の公立小中学校・教育委員会等において、今回のような虐待が疑われるケースについて、一か月で緊急点検する、③保護者が虐待を認めない場合、転居を繰り返す等関係機関との関わりを避ける場合等はリスクが高いものと認識し、躊躇なく一時保護、立入調査する等的確な対応をとる――ことなどを決定、直ちに実行に移した。

厚生労働省は、第一九八回通常国会に児童虐待防止法などの改正法案の提出を予定していたが、根本は「より強力な内容にする必要がある」と判断、法案の提出期限に向けた一か月間で改正案の内容を強化するよう指示した。そして、担当者を頻繁に大臣室に呼び込み、議論を重ねていく。

児童虐待防止の抜本的な強化策については、三月一九日開催の「児童虐待防止対策に関する関係閣僚会議」において「児童虐待防止対策の抜本的強化について」をとりまとめている。この強化策には、①体罰防止について法定化することや民法上の懲戒権について必要な見直しをすることを法案に盛り込むこと、②常時弁護士による助言・指導を受けられるよう弁護士の配置又はこれに準ずる措置をとることや、児童相談所に医師・保健師の配置を義務化することなどの児童相談所の体制強化、③児童福祉司等子ども家庭福祉に携わる者に関する資格の在り方の検討――などが盛り込まれた。

これらの内容を反映した「児童虐待防止対策の強化を図るための児童福祉法等の一部を改正する法律案」（虐待防止対策法案）が同日閣議決定され、国会に提出される。

◆児童虐待問題の本質は？

政府が提出した虐待防止対策法案に対抗する形で、野党も対案を国会に提出。国会での論戦は、五月一〇日の衆議院本会議で安倍総理出席の下開始された。政府が虐待防止対策法案を非常に重要な法案と位置づけているためである。

「政府対野党」の論戦の舞台は、衆議院の本会議から厚生労働委員会に移り、児童相談所の児童福祉司の配置基準の法定化などによるさらなる体制強化、中核市における児童相談所の設置義務化などを中心に、野党の厳しい追及が続く。

児童虐待の問題では様々な論点があるが、根本匠が共感したのは「虐待をする親はどのような親なのか」「虐待した保護者に対する支援も充実させる必要があるのではないか」という問いかけだ。ここに、児童虐待の問題の本質の一つがあるのではないか、と感じていたからである。

保護者に対する支援のプログラムの中には、日常的な子育てスキルを高めるプログラムとして「コモンセンス・ペアレンティング」、保護者自身の心理的な課題に焦点を当て、解決方法を見出すためのプログラムとして「MY TREE ペアレンツ・プログラム」がある。これらのプログラムについて答弁しながら、根本はその普及が非常に重要だとの思いを強くした。

もう一つは「発生予防」の重要性だ。厚生労働省が作成している「子ども虐待対応の手引き」には、次のようにある。

「子ども虐待は、どこにでも起こりうるという認識にたち、一般子育て支援サービスを充実させることが重要であることは言うまでもないが、より子ども虐待が発生しやすい家庭環境にいる子どもやその保護者に対する支援を充実させていくことも重要である。これまで様々な実態調査や事例検証を通して、虐待に至るおそれのある要因（リスク要因）が抽出されている。保健・医療・福祉等の関係者が予防的な支援を行うにあたっては、それらの要因を持ち、養育支援を必要としている家庭であるかどうかを判断し、早期に支援につなげることが大切である。もとより、仮にリスク要因を多く有するからといって、直ちに虐待が発生するものではないが、より多くの機関からリスク要因を有している家庭の情報を収集するよう努め、虐待の発生を予防することが大切である」

そして、保護者、子ども、養育環境のリスク要因が例示されている。

〔保護者側のリスク要因〕

保護者側のリスク要因には、妊娠、出産、育児を通して発生するものと、保護者自身の性格や精神疾患等の身体的・精神的に不健康な状態から起因するものがある。

リスク要因と考えられているものを挙げると、まず望まぬ妊娠や一〇代の妊娠であり、妊娠そのものを受容することが困難な場合である。また、望んだ妊娠であったとしても、妊娠中に早産等何らかの問題が発生したことで胎児の受容に影響が出たり、妊娠中又は出産後に長期入院により子どもへの愛着形成が十分行われない場合がある。

また、保護者が妊娠、出産を通してマタニティブルーズや産後うつ病等精神的に不安定な状況に陥ったり、元来性格が攻撃的・衝動的であったり、医療につながっていない精神障害、知的障害、慢性疾患、アルコール依存、薬物依存等がある場合や保護者自身が虐待を受けたことがある場合が考えられる。特に、保護者が未熟である場合は、育児に対する不安やストレスが蓄積しやすい。

［子ども側のリスク要因］

子ども側のリスクとして考えられることは、乳児期の子ども、未熟児、障害児、何らかの育てにくさを持っている子ども等である。

［養育環境のリスク要因］

リスキーな家庭環境として考えられるものは、未婚を含む単身家庭、内縁者や同居人がいる家庭、子ども連れの再婚家庭、夫婦を始め人間関係に問題を抱える家庭、転居を繰り返す家庭、親族や地域社会から孤立した家庭、生計者の失業や転職の繰り返し等で経済不安のある家庭、夫婦の不和、配偶者からの暴力等不安定な状況にある家庭である。

また、リスキーな養育環境として考えられるものは、妊娠中であれば定期的な妊婦健康診査を受診しない等胎児及び自分自身の健康の保持・増進に努力しないことが考えられる。出産後であれば、定期的な乳幼児健康診査を受診しない等が考えられる。

児童虐待への対応には、幅広い知識と丁寧な対応が必要である。根本は、初めて直面するテーマについては、自ら論文などの参考文献を取り寄せて読み込み、自身の頭を整理していく。児童虐待問題に関しても、児童虐待の法改正の経緯やこれまでの取り組みはもちろんこと、子どもの側に立って本音を聞く仕組みである「アドボケイト（advocate＝代弁者）制度」や、〇歳児の虐待死、赤ちゃんポストに至るまで、関連する文献を徹底的に読み込んだ。虐待の兆候を発見するための法医学的観点からのアプローチの重要性も知った。

根本は、こうした作業を通じ、「政策を進めるには、政策課題の全体を理解する必要がある」ということを改めて確信する。

◆対策法成立に安堵

衆議院厚生労働委員会における法案審議が白熱する中、水面下では並行して虐待防止対策法案の修正に向けた与野党協議が進められていた。その結果、安倍総理が出席した五月二四日の厚生労働委員会において、児童相談所の管轄区域の人口や児童虐待の発生状況を踏まえた体制の強化、虐待を行った保護者への支援プログラムの実施の努力義務化、子どもの意見表明に関する検討などを内容とする与野党共同の修正案を含め、虐待防止対策法案が全会一致で可決された。

一週間後の五月三一日、根本匠は参議院での法案審議に備え、市町村における虐待防止対策の実情を把握するため、母子保健部局と連携して虐待予防のための相談支援を行っている「文京区子ども家庭支援センター」を視察している。また、児童相談所の職員に対する研修や、保護者に対する支援プログラムの研修を実施している「子どもの虹情報研修センター」の担当者からも話を聞いている。

そして六月五日、参議院本会議における法案審議が、衆議院と同じく安倍総理出席の下始まる。厚生労働委員会での審議は三日間にわたり、会期末ぎりぎりの六月一九日の参議院本会議で虐待防止対策法が全会一致で可決、成立した。

統計問題への厳しい追及で幕を開けた第一九八回通常国会は、根本が最初から最後まで〝主役〟を演じ、不信任決議案を突きつけられても怯まず、厳しい質問にも誠意をもって答え続けた。この国会のために事務方が用意した三、一一三本の想定問答はその証である。

通常国会最後の内閣提出法案となった虐待防止対策法の成立により、国会での審議が事実上終了した六月一九日夜、翌週から始まる令和二年度入省予定の総合職の国家公務員の採用を担当する若手の〝決起集会〟に根本が飛び入り参加した。

突然の大臣の登場に、若手職員の間から拍手と歓声が上がる。

「大臣、一言お願いします！」

求められて挨拶に立った根本が、「頑張れ」とエールを送ろうとしたところで、一瞬声を詰まらせる。冷静沈着で知られる根本が、感情を表に出すことは極めて珍しい。

ただ、国会での集中砲火をかいくぐる中で、自分を懸命に支えてくれる若手職員たちがいかに大変な仕事をしているのかということ、時には謂れ無き批判を受けてもじっと耐えながら黙々と職務に専念していることは常々感じていた。苛烈を極めた国会を乗り切ったことで緊張の糸がほんの少しだけ解けたのかもしれないが、それ以上に若手職員へのそうした思いがこみあげてきたのだろう。

◆法案審議の最中にも……

しかし、悲劇の連鎖は続く。

参議院での虐待防止対策法案の審議が始まった令和元年六月、札幌市の池田詩梨《ことり》ちゃん（二歳）が母親らの育児放棄（ネグレクト）により衰弱死する事件が発生する。これを受け厚生労働省は六月一四日、全国の児童相談所長を招集し「全国児童相談所長緊急会議」を開催した。

会議の冒頭、厚生労働大臣として挨拶に立った根本は、「児童相談所や警察が関わっていた中でこうした結果になったことは痛恨の極み」とした上で、四八時間以内に子供の安全を確認するルールの順守など、児童相談所における子どもの安全の徹底を改めて要請した。

さらに八月には、鹿児島県出水《いずみ》市の大塚璃愛來《りあら》ちゃん（四歳）が母親の交際相手の虐待によって亡くなる事件が起きる。

繰り返される虐待死事件にどう対応すべきか。制度とともに、現場による対応が必要なことは言うまでもない。「児童虐待による死亡ゼロ」の実現に向け、対応は尽きることがない。

五　当事者の声に耳傾ける――認知症対策

◆「共生より予防」に違和感

「五〇〇万人」「六五歳以上の七人に一人」

ここに挙げた数字は認知症の人の数字である。我が国の認知症の人は平成三〇年に五〇〇万人を超え、六五歳以上の七人に一人は認知症と見込まれる。認知症になる確率は、年齢を追うごとに高くなっていき、八五歳以上になると四割を超える人が認知症になると言われている。

数字だけ見れば衝撃的だが、認知症はだれもがなり得る。家族や身近な人が認知症になることなどを含め、多くの人にとって身近なものとなっている。海外では、英国などのように認知症施策を国家プロジェクトとして取り組んでいる国もある。

根本匠は、先進国の中でも急速に高齢化が進む我が国も、国を挙げて認知症への取り組みを進めていく必要がある、と考えた。

大臣就任から三日後の平成三〇年一〇月五日に開催された新内閣最初の「経済財政諮問会議」では、社会保障がテーマとなり、認知症が論点として挙がった。民間議員の一人から「認知症の予防について、引き続き諮問会議等で議論させていただきたい」との提案があり、根本が担当大臣の立場からこう発言している。

「認知症対策は、我々も非常に重要だと思っている。たとえば、通いの場を中心にして民間企業を含めた幅広い社会資源と連携した取り組みなど、包括的に進めていきたい。たとえば社会資源と連携した認知症予防対策として、厚生労働省と経済産業省の認知症官民連携実証プラットフォームプロジェクトに取り組んでいる。また、社会保障充実分を活用した体制整備にも努めていくとともに、認知症本人によるピアサポーター活動の推進やその家族に対する心理面・生活面の支援などに包括的に取り組みたい」

政府の認知症対策を総合的に推進する組織としては、新たに「認知症施策推進関係閣僚会議」（議長・菅官房長官）が設置され、根本が副議長に就いた。一二月二五日の初会合では、根本がそれまでの認知症施策に関する基本方針だった「認知症施策推進総合計画」（新オレンジプラン）の進捗状況を報告した上で、今後の取り組みの方向性として、「厚生労働省が中心的役割を担い、引き続き『共生』を重視しつつ、『予防』の取り組みも一層強化し、車の両輪として取り組む」という考え方を提示する。

根本のこの発言のあと、安倍総理から施策のとりまとめに向けて早急に検討を進めるようにとの指示が出されるが、連携して認知症対策に取り組む諮問会議の民間議員は「認知症患者は二〇四〇年に八〇〇万人超、社会的コストは二〇三〇年に二一兆円超と見込まれている」とコスト面から共生よりも予防を重視する姿勢を示している。

「予防が強調されすぎていないか。認知症の予防に力を入れるよりも前に、厚生労働省としてしっかりやるべきことがあるのではないか」

根本は、こんな違和感を心の底に感じ始める。

◆認知症対策も現場主義で

「統計問題」に忙殺されている中でも、「現場第一主義」をモットーとする根本匠は認知症対策の現場に足を運んだ。

平成三一年一月一六日に視察した世田谷区の認知症初期集中支援チームでは、医師や看護師、作業療法士、社会福祉士などの専門家が認知症の方の支援方針などについて話し合った上で方針を決めていく。世田谷区は、初期集中支援チームの取り組みの先進地域であり、根本は実際の会議の様子を視察することで、地域におけるかかりつけ医の存在の重要性と、関係機関の連携の必要性を痛感する。

当事者とふれあい、生の声に耳を傾ける。これは、根本が政治家として新人議員の頃から大切にしてきたことである。三月四日に厚生労働省で開催された「注文をまちがえる料理店」もその一つである。

「注文をまちがえる料理店」は、認知症ケアの第一人者として知られる介護福祉士の和田行男氏や、フリーのプロデューサーである小國士朗氏らが中心となって取り組んでいるイベントで、レストランのホールスタッフを認知症の当事者が務めるというものである。

「厚生労働省で開催できないだろうか」

和田氏らからイベント開催の打診を受けた際、根本の思いと人柄を知る厚労省の担当職員は「根本大臣なら来ていただけるはず」と確信しつつ「注文をまちがえる料理店」の〝臨時開店〟の準備を進めた。

国会では連日、厳しい論戦が続く。「注文をまちがえる料理店」のオープンは三月四日夕刻で、委員会審議の直後となる。関係者は「大臣に負担をおかけすることにならないか」と懸念したが、会場に現れた根本は、疲れた表情を見せず、例の人なつっこい表情で関係者やホールスタッフを務める認知症当事者の方々と握手を交わした。

根本のテーブルには、アルツハイマー症を発症しているという八六歳のご婦人が注文を取りに来た。根本の好物は麻婆豆腐で、メニューには「牛スジ麻婆豆腐セット」が入っている。根本は即座にこのセットを注文、ほどなくして注文通り料理が届き、運んできたご婦人と楽しく会話をしながら食事をとった。連日の国会の論戦で疲れている根本の肩を、このご婦人が励ますようにもむ光景も見られた。

「認知症の方々がそれぞれに役割を持って働く姿が非常に力強く感じられた、認知症の方々が元気に働ける社会を一緒につくっていきたい」

報道陣のインタビューに、根本はこんな感想を語っている。

認知症の方々は、地域で生活をしている。周囲の理解が得られない場合の認知症当事者の暮らしにくさは、生活の様々な場面で現れてくる。

今後の認知症施策を考える場合、認知症を障害と感じることなく、地域で安心して暮らしていくことができる「認知症バリアフリー」という考え方が重要になる。その際に欠かせないのが、生活に関する様々なサービスを担う民間企業の取り組みだ。

銀行や保険などの金融関係、バスや鉄道などの交通、小売り、住宅など、生活に関わる各分野での認知症への理解が深まることは、「認知症バリアフリー」を実現する上で不可欠なのである。厚生労働省は、こうした意識を企業と共有し、好事例として発信していくために「認知症バリアフリーに関する懇談会」を立ち上げる。懇談会は三月八日と二五日に開催され、根本も出席し、企業による認知症バリアフリー関連の取り組みについて説明を受け、企業の意識の高さに感銘したという。

こうした認知症バリアフリーの取り組みや認知症分野でのイノベーションの創出を官民一体となって進めることを目的に「日本認知症官民協議会」が設立され、その設立式が四月二二日に厚生労働省で行われた。根本は、厚労大臣として「参加者全員が当事者の方々の思いを共有し、手を携え『認知症バリアフリー』の取り組みを日本中、世界中に進めていけるよう、ご理解・ご協力をお願いしたい」と挨拶した。

協議会には、経済界や産業界、医療・介護業界、学会や関係省庁など一〇一団体が参加。それぞれの代表がオレンジ色のTシャツを着て、意識の共有を図った。また、認知症の患者団体が生活姿勢を示した宣言書が厚生労働省など関係省庁に手渡された。

◆心に残る当事者の声

「認知症当事者の方々からもっといろんな話を聞きたい」。根本匠の意向を受けた厚生労働省の事務方が、大臣と認知症当事者の意見交換の場をセットした。

平成三一年三月一二日、認知症の当事者自らが政策提言などに取り組んでいる「日本認知症本人ワーキンググループ（JDWG）」の藤田和子代表理事や丹野智文氏らが大臣室を訪れ、それぞれの思いを根本に直接伝えた。

「認知症になってからも希望を失わず、自分らしい暮らしを続けていける社会を創るために、本人として力を尽くしたい」（藤田氏）

「認知症予防を強調することは、予防を頑張らなかったから認知症になってしまったのだ、という印象をもたれることになる」（丹野氏）

「認知症と診断されたすぐ重度なわけではない。『認知症でもできる』ではなく、『認知症だか

らこそできる』ことがあることを伝えていきたい」（丹野氏）

認知症当事者の言葉は、根本の心に強く残り、政府の「認知症施策推進大綱」決定の最終段階における根本の判断へとつながっていく。

「七〇歳代での発症を一〇年間で一歳遅らせる」。ＪＤＷＧとの意見交換会から二カ月後、厚生労働省は「認知症施策推進大綱」の検討作業を進めていた有識者会議に、認知症予防に関する数値目標案を提案する。

この数値目標について、新聞各紙は「認知症予防『数値目標』は危うい」（五月二一日付朝日新聞社説）、「認知症対策の新大綱案 数値目標ありきの危険性」（同日付毎日新聞社説）などと批判的な論調を掲げた。テレビの情報系番組も、予防を強調することに反発する認知症当事者や学識経験者のコメントを伝える。

案の定である。年末の経済財政諮問会議で根本が抱いた違和感が、現実のものとなる。

◆「共生」「予防」を車の両輪に

六月に入り、「認知症施策推進大綱」の策定作業が大詰めを迎えた段階で、根本匠は「『予防』よりも『共生』を前面に出す」と方針変更を政治決断する。六月四日の閣議後の記者会見で、その思いをこう語っている。会見録をそのまま引用する。

「認知症の政府大綱案については、五月一六日に原案を示しました。その中で、ＫＰＩ（重要業績評価指標）、目標として、『七〇歳代での発症を一〇年間で一歳遅らせる』としていました。これについて、認知症当事者の人たちから『頑張って予防に取り組んでいながら認知症になった人が落第者になって自信をなくしてしまう』などの意見や声をいただきました。これらを真摯に受け止め、『七〇歳代での発症を一〇年間で一歳遅らせる』こと自体をＫＰＩや目標とするのではなくて、予防の取り組みを行った、その結果としてそうなることを目指す旨、表現ぶりを修正することにしました。

そもそも、認知症の予防の取り組みを進めるにあたっては、認知症になっている人の尊厳を守り、認知症の人とそうでない人とが同じ社会でともに生きるという『共生』の基盤の上で進めることが大前提です。また、予防についても、認知症は老化に伴って誰もがなり得るものであり、運動不足、生活習慣病、社会的孤立などの危険因子を避けることによって、認知症になることを遅らせること等ができることから、認知症の予防の定義として、今回の大綱案において、認知症にならないという意味ではなくて、認知症になるのを遅らせる、認知症になっても進行を緩やかにするという意味であることを明記しました。厚労省・政府としては、認知症の発症を遅らせ、認知症になっても希望をもって日常生活を過ごせる社会を目指し、認知症の人や家族の視点を重視しながら『共生』と『予防』を車の両輪として推進していきたいと考えております」

記者会見の三日後、根本は「日本認知症本人ワーキンググループ（ＪＤＷＧ）」の藤田代表理事らと再び懇談、記者会見で表明した「予防とは『認知症にならない』ことではなく、『認知症になることを遅らせる』『あるいは認知症になった後の進行を緩やかにする』という意味」「予防は『共生』の基盤の上で進めることが大前提である」ことを直接、認知症当事者の方々に伝えている。

認知症当事者の気持ちにしっかりと寄り添う、根本の政治姿勢が表れた決断だった。

根本によって修正された「認知症施策推進大綱」は、令和元年六月一八日の「認知症施策推進関係閣僚会議」で正式に決まった。

六　ひきこもり問題の解決策を探る

◆「サポステ」活用をアピール

安倍政権の重要政策の一つが「一億総活躍社会」の実現である。

一億総活躍社会とは、家庭・職場・地域で誰もが活躍できる社会のことで、就労支援の観点からは、従来の雇用・労働施策からのアプローチと共に、最近では障害者や高齢者、生活困窮者など福祉施策からのアプローチが盛んだ。

さらに、ひきこもりの状態にある人や長く仕事から離れている人々のことを考えると、一般就労以外の社会参加・活躍の場を作ることが重要である。地元郡山において長く就労から遠ざかっている人たちの支援を行っているNPOの代表と交流があった根本匠は、早くから一億総活躍社会の実現の重要性を実感している。

「現場第一主義」をモットーとする根本は、就職氷河期世代やひきこもりの支援の現場にも足を運び実情を視察した。

平成三一年一月一一日に訪れた「よこはま若者サポートステーション」は、働くことに踏み出したい若者たちとじっくりと向き合い、本人やその家族だけでは解決が難しい「働き出す力」を引き出し、「職場定着するまで」を全面的にバックアップする機関である。地域若者サポートステーション事業は、厚生労働省が進める施策の一つで、根本は総括コーディネーターを務める職員の話に耳を傾けた。

「単なる居場所づくりにとどまらず、福祉とのワンストップ性を備えた総合的な支援体制が必要であると感じた。仕事を持っていない若者への支援は、若者の可能性を広げるだけでなく、日本の将来を支える人材を育成する観点からも大切。若年無業者の方々には、サポステをもっともっと活用していただきたい」

視察後、根本は報道陣にこうコメントしている。

◆大人のひきこもり「六一万人」に衝撃

ひきこもりの状態にある人は、若者に限らない。

平成三一年三月二九日、内閣府は、四〇歳から六四歳までの中高年の「ひきこもり」が推計で約六一万人に上るとの調査結果を公表した。中高年層を対象にしたひきこもりの調査は初めてで、ひきこもりの期間は七年以上の人が半数を占めた。前回調査では一五歳から三九歳までの若年層を対象に実施し、約五四万人という推計結果だったが、中高年のひきこもり数は若年層を大きく上回る衝撃的な調査結果となった。

内閣府の調査だが、ひきこもりの問題自体は厚生労働省の担当である。同日の厚労大臣の記者会見では、この調査結果を担当大臣としてどう受け止めているかを問われ、根本はこう答えている。

「大人のひきこもりは新しい社会問題、課題だ。様々な検討や分析を加え、適切に対応していくべき課題である」

この根本の答えは、ひきこもり支援の現場に希望をもたらす。

◆郡山の先進事例に刺激受ける

平成三一年四月二〇日、根本匠は地元郡山市内で二つの取り組み事例を視察した。

一つは、高齢・障害・子育て・生活困窮など複合課題に対する包括的・総合的な相談支援、若年無業者や中高年の就労困難者への支援を行っているケース。厚生労働省のモデル事業として全国約一五〇か所で実施されている取り組みの一つである。

地域包括支援センター内に設置された「福祉まるごと相談窓口」では、福祉分野の複数の課題がある世帯からの相談を受け、課題を整理し、多職種・多機関による包括的・総合的な相談支援を実施している。平成三〇年度の年間新規相談は四六件、継続相談は六五〇件に上る。

一例を挙げる。猫の多頭飼育によって家庭の衛生環境が著しく悪化している家族のケースで、まずは飼っている猫の数を減らす必要があるが、地元では相談先が見当たらない。そこでインターネットで動物愛護のボランティア団体を探し出し、その団体とともに猫の去勢を施し、あるいは引き取り先を探すなどして問題の解決につなげていった。

従来の「福祉」にとどまらない、世帯全体の課題を把握し、いろいろな関わりのある職種の方や地域で様々な取り組みをしている人がつながっていく、地域共生社会の取り組みの先進事例である。

「福祉まるごと相談窓口」を担当する二人の女性相談員が紹介する事例は、どのケースも想像を絶する過酷な状況に置かれ、支援するのにもかなりの苦労があったはずだが、そんなことを微塵も感じさせず生き生きと話す。その姿に、根本は新鮮な驚きを覚え、職業意識の高さに敬服した。

郡山ではもう一か所、郡山市の認定NPO法人「キャリア・デザイナーズ」における取り組みを視察した。

このNPOは、「フリーター」「ニート」と呼ばれる若年無業者やひきこもりなど就労が困難な人の社会参加を支援している。代表の深谷昇理事長は、高校（安積高校）の先輩であり、かねてから交流があった人物だ。根本は、一〇年前にもこのNPOの施設を訪れている。

厚生労働大臣として就職氷河期世代の支援策をとりまとめるにあたり、根本が久しぶりに深谷氏に連絡をとり、課題や必要と考える施策などを尋ねたことから、この視察につながった。直前に視察した「福祉まるごと相談窓口」で、「最近、キャリア・デザイナーズに支援をお願いした。こんなに近くにすばらしい取り組みをしている事業所があってよかった」という話を聞いており、相談を通じて地域の様々な機関がつながっていくダイナミズムを感じていた。

キャリア・デザイナーズは、「働きたい」と考えているニートやひきこもりの人たちのためにジョブトレーニング（就労体験）やキャリア教育の講座、交流会などの支援活動を行っている。ジョブトレーニングでは、中小企業家同友会と連携して、就労体験の場を設け、当事者と一緒に職場で仕事を体験する中で、徐々に自信を取り戻していけるよう支援するのである。キャリア・デザイナーズのこうした試みは、地元ではかなり知れわたっており、親御さんからの相談も増えているという。

根本は、キャリア・デザイナーズの施設と支援プログラムを活用して職に就くことができた三人の男性から話を聞いた。いずれも自分の意思でこの施設に通えるようになり、実際に就職するまで五年から八年の歳月を要した。そのうちの一人は、「最初はボランティアで高齢者のお宅の庭の草むしりを手伝い、高齢者と話をする中で少しずつ自信を取り戻していった」という。

施設の利用者の中には、いったん就職したものの、体調を崩し戻ってくる人もいる。ともすれば、「就労」という成果を性急に求めがちだが、社会的に自立して職に就くとなると「三年やそこらでできる、と簡単に考えないでいただきたい」。深谷理事長の重い一言に根本が頷く。

就職だけをゴールにするのではなく、その前の段階の評価が必要。これが就職氷河期世代の支援を検討する上での柱の一つになっていく。

◆「ひきこもりの本人とご家族へ」

令和元年五月から六月にかけて川崎市と東京都練馬区で凄惨な殺人事件が発生、社会的に大きな反響を呼んだ。川崎の殺傷事件の加害者がひきこもり傾向にあった五一歳の男、練馬の殺人事件の被害者は四四歳のひきこもり状態にある長男で、「八〇五〇《はちまるごーまる》問題」の当事者世代と関連する事件が立て続けに起き、事件とひきこもりを意図的に関連づけようという短絡的な報道もみられた。

「八〇五〇問題」とは、高齢の親が同居する中高年の子どもを支えている世帯の親子関係の問題のことで、生活が困窮し社会で孤立する八〇歳代の親と五〇歳代の子どもの世帯が象徴的であることから「八〇五〇問題」と呼ばれている。

しかし、ひきこもりの状態にある人が必ず事件を起こすわけではないし、必ず被害者となるわけでもない。根本匠も、六月四日の閣議後の記者会見で「安易にひきこもりなどと結びつけることは、厳に慎むべき」との見解を示している。この記者会見で根本は、「一般論」と前置きした上で、「八〇五〇問題」のように、社会的孤立、家庭内での様々な課題の複合化・複雑化への対応の必要性にも言及している。

繰り返しになるが、ひきこもりの状態にある人が事件を起こしやすい、といった言説が広まることは、ひきこもりへの偏見につながる。

そこで根本は六月二六日、一連の事件の直後に「ひきこもり状態にある人が、このような事件を引き起こすわけではない。ひきこもる行為そのものが問題なのではない」との声明を発表した「KHJ全国ひきこもり家族会連合会」と、ひきこもりの経験者や当事者などで構成する「ひきこもりUX会議」の代表を厚労省に招き、その場でひきこもり状態にある方やそのご家族に向けて、厚生労働大臣としてのメッセージを発信したのである。

＊　＊　＊

ひきこもりの状態にある方やそのご家族への支援に向けて

川崎市や東京都練馬区の事件など、たいへん痛ましい事件が続いています。改めて、これらの事件において尊い生命を落とされた方とそのご家族に対し、心よりお悔やみを申し上げるとともに、被害にあわれた方の一日も早いご回復を願っています。

これらの事件の発生後、ひきこもりの状態にあるご本人やそのご家族から、国、自治体そして支援団体に不安の声が多く寄せられています。これまでも繰り返し申し上げていますが、安易に事件と「ひきこもり」の問題を結びつけることは、厳に慎むべきであると考えます。

ひきこもりの状態にある方やそのご家族は、それぞれ異なる経緯や事情を抱えています。生きづらさと孤立の中で日々葛藤していることに思いを寄せながら、時間をかけて寄り添う支援が必要です。

誰にとっても、安心して過ごせる場所や、自らの役割を感じられる機会があることが、生きていくための基盤になります。ひきこもりの状態にある方やそのご家族にとっても、そうした場所や機会を得て、積み重ねることが、社会とのつながりを回復する道になります。

また、ひきこもりの状態にある方を含む、生きづらさを抱えている方々をしっかりと受けとめる社会をつくっていかなければならないという決意を新たにしました。まずは、より相談しやすい体制を整備するとともに、安心して過ごせる場所や自らの役割を感じられる機会をつくるため、ひきこもりの状態にある方やそのご家族の声も聞きながら施策を進めていきます。そして、より質の高い支援ができる人材も増やしていきます。

ひきこもりの状態にある方やそのご家族は、悩みや苦しみを抱え込む前に、生活困窮者支援の相談窓口やひきこもり地域支援センター、また、ひきこもり状態にある方が集う団体や家族会の扉をぜひ叩いて下さい。

国民の皆様におかれましては、あらゆる方々が孤立することなく、役割をもちながら、ともに暮らすことができる、真に力強い「地域共生社会」の実現に向けて、ご理解とご協力をお願いいたします。

令和元年六月二六日
厚生労働大臣　根本匠

◆地域共生社会の未来図

令和元年六月二八日午前、伊丹空港に降り立った根本匠は豊中市へ向かった。

豊中市は、多機関協働による包括的な支援や住民が主体となった地域課題解決に向けた取り組み、就労困難な人への継続的な就労支援、ひきこもり支援の先進地域として知られている。根本が豊中市に足を運んだのは、夕刻からの「G20財務・保健大臣会合」までの短い時間を利用して同市の取り組みを視察するためだった。

最初の視察先である「キャリアブリッジ」は、「地域若者サポートステーション」、「若者支援総合相談窓口」、「生活困窮者自立相談支援事業」、「ひきこもりサポート事業」などの受託先となっている一般社団法人だ。地元企業との緊密な連携の下、一人一人の状況に応じたきめ細かい支援を実践しており、根本は今回の視察を通じて「伴走型支援」の必要性を改めて痛感することになる。

豊中市では、空き家や農地などの地域資源を活用し、社会福祉協議会や民生委員、地域住民などが協力して地域の課題の解決に取り組んでいる。その中心にいる人物が、豊中市社会福祉協議会の勝部麗子《かつべれいこ》さんだ。NHKのテレビドラマ「サイレント・プア」のモデルにもなった方で、「八〇五〇《はちまるごーまる》問題」の名付け親としても知られている。

根本は、勝部さんの案内で六〇歳以上の男性の居場所として設置された都市型農園「豊中あぐり」、ひきこもり状態にある方々の居場所や就労体験の場「びーのマルシェ」、「断らない相談」を実践する地域福祉の活動拠点「遊友《ゆうゆう》」の三か所を視察。説明役を務める勝部さんのソーシャルワークに対する深い専門性と、瞬く間に周りを巻き込んでいく〝人間力〟には、さすがの根本も感服した。

「びーのマルシェ」で勝部さんから紹介された女性は、「サイレント・プア」の原作となったマンガの作者だった。ひきこもりの状態にあった頃、勝部さんと知り合い、「マンガを描くのが得意なら、描いてみてくれない?」と話しかけられたという。女性は「うるさいなあ」と思いつつも、頼まれたことを「うれしいな」とも感じ、勝部さんの申し出に応じる。人に必要とされる、その気持ちが自信を取り戻すことにつながっていくことを勝部さんの一言が気づかせてくれたという。

豊中の取り組みは、地域共生社会の未来図そのものである。国は「断らない相談」を新しく政策として打ち出しているが、豊中には「断らない相談」の原点があり、地域共生社会のモデルになる取り組みを実践している。

「豊中市における取り組みが全国に広がるよう、今回の視察で得た知見、あるいはヒントも施策に反映させて、強力に推し進めていきたい」

視察を終えた根本は、報道陣にこうコメントし、G20財務・保健大臣会合の会場へ向かった。

七　働き方改革

◆働き方改革の本質とは？

働き方改革法案は、大変な激論の末、平成三〇年の第一九六回通常国会で成立した。根本匠の厚生労働大臣在任中は、制度の立案よりも、国会質疑や様々なイベントへの出席など施行に向けた周知の段階にあった。

この段階になると、事務方のつくる答弁や説明は型通りの事務的・技術的なものになりがちで物足りない。そこで根本は、働き方改革について説明を受ける際には、必ず「本質は何か」と問うた。

働き方改革は、そもそも「一億総活躍社会」の実現のための横断的課題として提起されたものである。その基本的考えは、「働く人の視点に立って、労働制度の抜本的改革を行い、日本の企業文化、日本人のライフスタイル、日本の働くということに対する考え方を変えることを目指す」ことである。

そのような改革を進めて、「自己研鑽するための時間や家族との時間を生み出し、そのゆとりがさらに生産性の高い仕事につながり、会社の業績にも反映するという好循環を生み出す」。中小企業、とりわけ地域の小規模事業における働き方改革がどのように実現できるのか、幅を持って柔軟な取り組みをどう進めていくかが課題だ。これが、根本が考える働き方改革の本質である。

◆関連法の円滑な施行に取り組む

「働き方改革を推進するための関係法律の整備に関する法律」（働き方改革関連法）は、平成三一年四月から段階的に施行されている。根本匠が厚生労働大臣に就任した時点で法律は既に成立していたが、関係省令等はまだで、法律の円滑な施行に向け、国会での様々な議論や付帯決議などを踏まえつつ、関係省令を改正するとともに新たな指針（「高度プロフェッショナル制度に関する指針」など）を策定した。

また、裁量労働制については、厚生労働省のデータに問題があったことから、法案から削除されていたが、国会での議論を踏まえて立ち上げた「裁量労働制実態調査に関する専門家検討会」の検討結果を平成三一年四月にとりまとめている。

根本は、働き方改革関連法の施行状況を確認するため、四月一五日、働き方改革に意欲的に取り組んでいる㈱三越伊勢丹ホールディングスを視察した。同社では、在宅勤務（一〇〇人弱）や、自分専用の席を決めずに空いている席で自由に仕事をするフリーアドレスなどによって生産性を上げ、労働時間の削減につなげているという。

同社は、パワーハラスメント対策にも積極的に取り組んでおり、パワハラ行為と認定された管理職は、いったん部下のいない部署に移り、研修などの教育訓練を受けた後に管理職に復帰させる取り組みを行っている。根本は、女性活躍推進法の改正法案の質疑の中で、企業の取り組み事例として三越伊勢丹のケースを紹介している。

◆日商と連携協定を締結

働き方改革の推進に向けた法制度や支援策の周知などを図り、一体的な働き方改革の機運を醸成するため、厚生労働省は四月二二日、日本・東京商工会議所との間で、働き方改革関連法の円滑な施行と中小企業の働き方改革推進を目的に相互に協力していくことを確認する連携協定を締結した。

働き方改革の実現は、中小企業、とりわけ地域の小規模事業における取り組みが進むことが不可欠である。根本匠は、地元の中小企業の声を聞くにつけ、そのように感じていた。しかし、経営体力や人材不足などの問題を抱え、取り組みがなかなか進んでいないのが実情だ。

長時間労働の是正や生産性向上のためには、残業を減らすことや年次有給休暇の義務化を周知するだけではなく、「働き方改革を進めることは、企業の価値や競争力が高めることにつながる」という本質を、経営者に理解してもらう必要がある。

一方で、国としても働き方改革を円滑に進めるための環境を整備する必要がある。たとえば公共事業については、年度末に多い公共事業の発注時期の平準化、休暇の増加に伴う単価への反映、無理のない工期の設定、元請け・下請けの関係での適正な価格転嫁（B to B）、安価であれば良いという競争入札方式の見直しなど官公需からの適切な対応が必要で、自民党の「公共工事品質確保に関する議員連盟（通称「品確議連」）」の会長である根本は、通常国会での議員立法による品確法の改正の後押しにも一役買っている。

◆「多様な就労・社会参加」を後押し

働き方改革は、法律の施行をもって終わるものではない。その先を考える必要があり、本章の冒頭に紹介したように、二〇四〇年を見据えた社会保障・働き方改革の中で「多様な就労・社会参加」を柱の一つとして挙げている。

令和元年五月二九日の「未来投資会議」において、多様な就労・社会参加の環境整備を進めるため、①七〇歳までの就業機会の確保、就職氷河期世代の方々の活躍の場を更に広げるための支援（「厚生労働省就職氷河期世代活躍支援プラン」）、②中途採用の拡大、③副業・兼業の促進、④地域共生・地域の支え合い、⑤人生一〇〇年時代に向けた年金制度改革、に関する今後の取り組みをとりまとめている。

これらの取り組みを後押しする法律の改正案は、令和二年の通常国会に重要法案として提出される見通しである。

◆中小企業支援を強化

大企業・親事業者による長時間労働の削減などの取り組みが、下請けなど中小事業者の働き方改革の妨げとなってはならない。特に、労働時間規制が大企業に対して先行して施行されることから、「中小企業にしわ寄せがいくのではないか」と懸念する声があった。

六月二六日、厚生労働省・中小企業庁・公正取引委員会の三者が、緊密に連携しつつ講じる所要の措置を取りまとめた「「しわ寄せ」防止総合対策」を公表。厚生労働省が実施する、時間外労働等改善助成金の拡充や周知、生産性を高めながら働く時間の縮減に取り組む中小企業や事業主団体への支援とともに、公正取引委員会や中小企業庁による、下請法等に基づく「しわ寄せ」事案への厳正な対応や「しわ寄せ」事案に関して実際に行った指導事例や不当な行為の事例（べからず集）の業界団体・個別企業への幅広い周知・広報など、政府を挙げて取り組むこととした。

八　年金財政検証

◆「官僚は説明不足、政治家は勉強不足」

年金制度は、長期的に給付と負担のバランスがとれて初めて持続可能となり、国民の老後の生活の安心を支える制度になる。長期的な年金財政の健全性を定期的に検証することは、公的年金の財政運営にとって不可欠であり、厚生年金保険法及び国民年金法では、少なくとも五年ごとに、国民年金及び厚生年金の財政の現況及び見通しの作成を作成することになっている。

これが「財政検証」で、いわば年金制度の〝定期健康診断〟というべきものである。令和元年は財政検証の年に当たる。

話は平成一〇年まで遡る。当時、年金制度は五年に一度の「財政再計算（書）」により将来の保険料の見通しを示した上で、給付水準と当面の保険料負担を見直した結果を法律で定める必要があった。

根本匠が厚生政務次官を務めていた平成一〇年は、財政再計算の年に当たり、財政再計算に伴う制度全般にわたる見直しが行われることになっていた。一二月五日に年金制度の改革案が公表されたが、そこには厚生年金の総支給額を何割削減するかという「マイナスの選択肢」が五つ並んでいた。

これを見た新聞は「総支給額二割抑制」などの大見出しを掲げ、「保険料は上がります」と書き立てる。自民党内からも、年金の水準が現在より下がると誤解している議員の間から「こんな改革案じゃ（選挙は）戦えない」との声が上がる。

厚生省の改革案には、将来時点での支給総額をどう抑制するか、たとえば、支給開始年齢の引き上げや在職老齢年金の導入などの方法についての説明はあるが、国民の理解を得る上で最も大事な、国民一人一人の年金がどうなるのかという視点が提示されていなかった。年金局の説明を聞いてすぐにこれに気づいた根本は、担当者と議論し、必要な数字を整理するように指示した。

そして、新人議員時代に立ち上げた「アクショングループ」の中核メンバーである安倍晋三、石原伸晃、塩崎恭久の三氏に声をかけ、鳥井秘書官を事務局員として数か月かけて、誰でも分かる年金改革の解説書として「これが年金改革だ！　年金なんかこわくない―年金改革七つのポイント―」の題名が付いた冊子をまとめる。発行人の「年金ＮＡＩＳグループ」は、根本（Ｎ）・安倍（Ａ）・石原（Ｉ）・塩崎（Ｓ）の頭文字を取って付けた。

実は、この改革は、将来の給付の伸びの抑制は将来の負担増を引き下げるためのものであり、しかも、伸びを抑制しても一人当たりの実質の給付は増えることになる。この冊子はこのことを明確に示したのである。

ＮＡＩＳグループのこの政策ペーパーは、発表直後に全国紙が一斉に報道。テレビ朝日の報道番組「サンデープロジェクト」でも取り上げられ、出演した根本ら四名の年金解説を「分かりやすい」と評価した小渕恵三総理（当時）が、彼らを官邸に招き、昼食のカレーを振る舞った。「まさか総理からブッチホン（小渕の「渕」とテレフォンの「フォン」を掛け合わせた造語）がかかってくるとは思わなかった。カレーを食べながら『あんたたちの説明はよく分かったから、党の年金説明はあんたたちがやってくれ』と言われた」

二〇年以上も前のことだが、根本は今もはっきりと記憶している。

「官僚は説明不足、政治家は勉強不足。どっちも努力が足りない」

財政再計算から財政検証へと仕組みが変わっているが、政務次官時代に根本が痛感した思いは、今も課題として残っている。

◆「老後二、〇〇〇万円問題」で注目集まる

令和元年六月三日。金融庁の金融審議会の市場ワーキンググループが「高齢社会における資産形成・管理」と題する報告書をまとめるや、「老後資金に二、〇〇〇万円が必要」という大騒動を巻き起こす。

この報告書には「夫六五歳以上、妻六〇歳以上の夫婦のみの無職世帯では毎月の不足額の平均は約五万円であり、まだ二〇～三〇年の人生があるとすれば、不足額の総額は単純計算で一、三〇〇万円～二、〇〇〇万円になる」とされており、メディアが「老後二、〇〇〇万円問題」と大々的に報道、国会審議の場でも再三にわたり野党の追及を受けることになる。

「金融庁のリポートが議論になっている。公的年金を所管する厚生労働省として、公的年金の意義と持続可能性についてご意見を」

この報告書が公表された直後の記者会見で、根本匠はこんな質問を受け、自民党の金融調査会長を務めていた経験や、厚生労働大臣になってからの「政策対話」で積み重ねていた知見をもとに次のように答える。骨太な答えなので、そのまま紹介する。

「国民の老後所得は、公的年金を中心に、預貯金、企業年金・退職金などの貯蓄の取り崩し、勤労収入などで補完している状況にあります。多様化する国民の老後生活に対するニーズに応えていくためにも、若い時期から継続的に資産形成を図ることも重要だと考えています。

私も、先日、社会保障と金融の連携について『政策対話』を行いました。働き方への希望や健康状況などが個々人によって異なることを踏まえて、ライフスタイルに合わせてＮＩＳＡ（少額投資非課税制度）や個人型確定拠出年金などの様々な制度を活用して、資産形成を行っていくことは重要だと考えています。

また、公的年金制度については、マクロ経済スライドによって、将来の保険料水準を固定し、その範囲内で給付水準を調整することで、現役世代と高齢世代のバランスを確保しつつ、一定の給付水準を確保することを前提に、制度を持続可能なものとしている、ここはご理解いただきたいと思います。

今後、人生一〇〇年時代を展望すると、より多くの人が、これまでより長く多様な形で働く社会、高齢期が長期化する社会と変化していくと想定をしております。このような変化を踏まえて、次期年金制度改革では、より長く多様な形となる就労の変化を年金制度に取り込み、長期化する高齢期の経済基盤を充実するという基本的な考え方のもとに、具体的な検討を進めていきたいと思います」

ところで、当時の記者会見では毎回のように「財政検証はいつ公表されるのか」との質問を受けている。根本自身全く報告を受けておらず「作業中」としか答えようがなかったのだが、記者たちには知る由もない。このように毎回質問したのは、前回（平成二六年）の財政検証が六月に公表されたことの連想に加え、「老後二、〇〇〇万円問題」の影響で公的年金に注目が集まっていた面もあったようだ。

◆財政検証を公表

年金制度については、その後、平成一六年（二〇〇四年）に抜本的な改革が行われている。将来の現役世代の保険料負担が重くなりすぎないように、保険料水準がどこまで上昇するのか、そこに到達するまでの毎年度の保険料水準を法律で決めたのである。そして、この収入の範囲内で給付を行うこととした。

このため、「社会全体の公的年金制度を支える力（現役世代の人数）の変化」と「平均余命の伸びに伴う給付費の増加」というマクロでみた給付と負担の変動に応じて、給付水準を自動的に調整する仕組みを導入した。「マクロ経済スライド」である。

具体的には、収入の範囲内で、マクロ経済スライドによる調整を行わなくても長期的に給付と負担のバランスが取れるようになるまでの間（マクロ経済スライド調整期間）は、賃金や物価による年金額の伸びから、「スライド調整率」を差し引いて、年金額を改定することとした。「スライド調整率」は、「公的年金全体の被保険者の減少率の実績」と「平均余命の伸びを勘案した一定率（〇・三％）」で計算され、平成一六年当時は、二〇二五年までのスライド調整率が平均で年〇・九％などと言われていた。この改正により、将来世代の負担を過重にすることを避けつつ、将来世代の給付を確保することができる仕組みとなったのである。

令和元年八月二七日、厚生労働省は社会保障審議会年金部会に財政検証の結果を提示、公表した。公的年金だけでは老後資金が二、〇〇〇万円不足するとの金融庁ワーキンググループ（ＷＧ）の報告書問題の余波で国民の関心は極めて高く、新聞各紙が一面で報じた。

公的年金の給付水準は、「所得代替率」で見ていくことになっている。所得代替率とは、「現役男子の平均手取り収入額に対する年金額の比率」である。いわば、「その時々の現役世代の平均に対してどの程度の生活ができるか」を示す指標である。所得代替率五〇％が一つの目安である。

財政検証の結果では、経済成長と労働参加が進むケースにおいて、①マクロ経済スライドの終了時に、所得代替率は五〇％以上を維持できる、②マクロ経済スライド調整期間において、新しく年金をもらい始める時（新規裁定時）の年金額は、モデル年金ベースでは物価上昇分を割り引いても増加する――ことが確認された。

さらに、今回の財政検証では、今後の制度改正に資するよう、被用者保険のさらなる適用拡大、就労期間・加入期間の延長、繰り下げ受給の選択などの制度改正を行うことが年金の給付水準にどの程度の影響を与えるかを示す観点から、様々な「オプション試算」を行っている。

たとえば、被用者保険のさらなる適用拡大については、現在の適用要件は、①週の労働時間二〇時間以上、②月額賃金八・八万円以上、③従業員五〇一人以上、などを満たすものであるが、今回のオプション試算では、③の企業規模の要件をすべて廃止した場合には所得代替率は約〇・五％上昇、②の賃金要件と③の企業要件を廃止した場合には所得代替率は約一・〇％上昇、①、②、③すべての要件を廃止した場合には所得代替率は約四・五％上昇する結果となった。

財政検証の公表時期を巡っては、前回よりも遅くなったことについてメディアや野党から「通常国会での追及を避けるために意図的に遅らせたのではないか」と批判を受けたが、制度改革の議論に資する、より良い検証を行うためにオプション試算の内容の充実を図るなど、前回よりも時間を要したためで、根本匠は「制度改正の議論にきちんと対応すべく丁寧な作業を行った」と公表までのプロセスを振り返った。

◆再び「年金二割減」の誤解を解く

「経済成長と労働参加が進めば、一定の給付水準（所得代替率五〇％）以上が確保されながら、概ね一〇〇年間の給付と負担が均衡し、持続可能なものとなる、ということができる」

財政検証結果の公表直後、根本匠は報道陣から感想を問われ、こうコメントしている。

正確に読めばそうならないことが分かるのだが、今回の財政検証結果を巡って「年金が二割減る」という誤解も広がった。そう、平成一〇年の改革の時と全く同じ構図である。

試算の中で標準的な経済前提とされるケースⅢの場合、二〇一九年の所得代替率六一・七％が、二〇六〇年度には五〇・八％にまで低下する。この二割近い所得代替率の低下を「年金が二割減る」という誤解を招く原因となっている。

所得代替率が二割低下するというのは、「現役世代の所得の伸びほどは年金額が伸びない」ということを意味する。一方で、「物価上昇率で現在の価値に割り戻した実質の年金額」は、現在の二二万円から、三〇年後には二四万円となり、二万円増える見込みとなっている。つまり、現在の価値に割り戻してみても、三〇年後の年金額は「現在よりも二万円多くモノが買える暮らしができる」額である、ということだ。

これは、マクロ経済スライドの調整が、年金の名目額を下げない範囲で行う仕組みだからである。

根本は、以前の経験を思い出し、担当者に、実質の年金額がどうなるかを説明に入れるように指示した。

根本は、年金制度を運営していく上で最も大切なことは、「わかりやすく説明する」ことであると考えている。このことは厚生政務次官時代から一貫して変わらない。

年金の水準を一つの「物差し」として比較する場合には所得代替率を使うことになるとしても、高齢者の生活実感としての水準を説明する場合、重要なのは「実質の年金額」。この「実質の年金額」が低下するわけではない。こうした客観的事実を繰り返し丁寧に説明していく必要がある。

九　女性活躍・ハラスメント

◆女性活躍をさらに後押し

令和元年五月二九日、女性活躍推進法（女性の職業生活における活躍の推進に関する法律）等の一部を改正する法律が成立し、六月五日に公布された。

第二次安倍政権下における女性の社会進出状況をみると、女性の就業者数が平成二四年から平成三〇年までの六年間で二、六五八万人から二、九四六万人に二八八万人増加、子育て世代（二五歳～四四歳女性）の就業率も六七・七％から七六・五％に八・八ポイント増加するなど、着実に前進している。

平成二七年九月に施行された女性活躍推進法は、常用労働者数三〇一人以上の企業に対して、女性活躍に関する行動計画の策定や女性の採用人数、管理職数など女性の活躍状況の情報公開を義務化するとともに、企業における女性の活躍状況を三段階の「えるぼし」という認定マークで認定する制度により、女性の活躍を後押ししてきた。

しかし、女性の年齢階級別労働力率は、依然としていわゆる「M字カーブ」を描いており、仕事と家庭生活の両立や、諸外国と比べて低水準にある女性管理職比率（日本一三・二％に対して、アメリカ四三・八％、イギリス三六・〇％、フランス三一・九％、ドイツ二九・三％）などが引き続き課題となっている。

M字カーブとは、女性の年齢階級別労働力率をグラフで表した時に描かれるM字型の曲線のことである。出産・育児期に当たる三〇歳代で就業率が落ち込み、子育てが一段落した四〇歳代で再就職する人が多いことを反映している。再就職後は非正規雇用労働者の比率が上昇する。

女性管理職比率が依然低水準にとどまっている状況などを踏まえ、厚生労働省は女性の活躍をさらに推進するため、行動計画の策定などの義務を常用雇用者数一〇一人以上の企業に拡大、「プラチナえるぼし認定」の創設などを盛り込んだ女性活躍推進法の改正案を第一九八回通常国会に提出した。施行三年後の見直しが定められていたことも提出の背景にあった。

根本匠は、女性活躍推進法改正の検討、委員会審議の過程でも現状・課題、諸外国の状況など改正に至る様々な背景についての詳細な資料を読み込み、「制度づくりはどうあるべきか」という観点から事務方と議論、対応方針を指示した。同席した課長補佐クラスの職員は「様々なご示唆をいただき、深く学んだ上で制度に向き合うというその姿勢も含めて大変勉強になった」という。

◆ILO条約にどう対処?

女性活躍推進法の改正案は、複数の法案を一本の法案として提出する「束ね法案」として、労働施策総合推進法（労働施策の総合的な推進並びに労働者の雇用の安定及び職業生活の充実等に関する法律）の改正案など合計五つの改正案とセットで国会に提出された。このうち、労働施策総合推進法案にパワーハラスメントに関する規定も盛り込まれていることから、メディアの報道や国会審議では、「パワハラ法案」と略称されることとなった。

法案成立直後の六月にスイス・ジュネーブで開催された国際労働機関（ILO）総会では、「仕事の世界における暴力とハラスメント」に関する条約の採択が予定されていたため、「日本は同条約を採択するのか」、「条約を採択した場合、批准に向けてどう取り組むのか」など、日本の対応に内外の関心が高まっていた。

具体的には、条約批准との関係では、条約には、仕事の世界における暴力及びハラスメントを「禁止」するための法令の制定が求められていることや、条約の保護対象に、求職者、インターン、ボランティアなど雇用関係のない者も含まれていることなどについて、国内法制との整合性を検討する必要があった。

欧州では、法律によりハラスメントを罰則付きで禁止している。根本匠の関心は、「なぜ条約にこのような条項を盛り込めるのか」、「その社会的背景は何か」ということにあった。担当者とのバトルトークでこうした疑問を投げかけるが、明確な答えが返ってこない。そこで、例によって自ら参考文献を取り寄せ、その理由や背景を探ることにした。

「欧州諸国は、日本と違って多様な人種・民族があつまり社会が構成されてきたという歴史的、文化的、地理的背景があり、差別や人権に対する意識が強いのではないのか?」

これが、資料を分析した上での根本の「仮説」だが、バトルトークの中でも十分にこれだという答えを見出すには至らない。社会の有り様まで踏まえて考えることは容易ではないが、必要なことである。根本は退任する際、自ら取り寄せた資料の束を担当者に託した。

ともあれ、目の前の課題、条約の採択をどうするかの方針を決めなくてはならない。言うまでもなく、「仕事の世界における暴力とハラスメント」は、働く人たちの尊厳や人格を傷つける、あってはならないことである。これに対応するための国際的な基準を定める必要性は大きい。我が国でも、目指すべき方向性は同じである。根本は、条約の採択を決断した。

成立した「パワハラ法」では、国の取り組むべき施策にハラスメント対策全般を充実することを明記。事業主に対しては、パワーハラスメント防止のための雇用管理上の措置義務を課し、企業の主体的な予防、再発防止のための措置が期待できる。さらに、国、事業主及び労働者の責務規定を設けハラスメントを行ってはならない旨も明確化し、明示的な禁止規定はないが、ハラスメントのない職場づくりを目指していくためには、意義のある改正である。改正法を着実に施行しつつ、条約批准に向けた議論は今後続いていく。

◆労働政策の特徴は労使参加

女性活躍法等改正法案の審議では、「大臣の周囲で一番活躍していると思う女性は誰か」といった軟らかい質問から、法律案の条文構成のような専門性の高い質問まで多岐にわたった。根本匠は、時に委員会室の自席で法案の条文を自ら確認しつつ審議に臨んだ。さすがに、ここまでやる大臣はほかにいない。根本ならではのエピソードである。

法案審議を巡る野党側の質問は、「ハラスメント禁止を何故法案で規定しないのか」、「就活生に対するハラスメントやカスタマーハラスメントも対象にすべきではないか」などＩＬＯ条約を念頭に置いた質問が多く、「性的指向・性自認に関するハラスメントなども雇用管理上の措置の対象にすべきではないか」といった昨今の動きを踏まえた質問もあった。

パワーハラスメントは仕事の指示や教育的指導との線引きが難しいことから、定義や具体的な範囲に関する質問も多かった。これに対し根本は、法案成立後、公労使の三者で構成される労働政策審議会の部会において、改正法を踏まえた指針を定めることになるので、国会における議論を踏まえ検討すると答弁する。

ところで、働く現場のルールを決める労働分野の法令は、現場を熟知した当事者である労働者側と使用者側が参加して決める。ＩＬＯの諸条約においても、雇用政策について、労使同数参加の審議会を通じて政策決定を行うべきであると規定されるなど、数多くの分野で、公労使三者構成の原則をとるように規定されている。そのため日本でも、労働分野の法律改正などは、公労使の三者で構成される労働政策審議会において建議され、法律案要綱等の諮問や答申が行われるのである。

根本は、このような労働政策審議会を意識した答弁を積み重ねることで、厚生行政とは違う、国際的なスタンダードでもある労働行政の政策決定プロセスの存在を、肌で感じ取る。このプロセスは、厚生政務次官の時には認識したことのない行政決定プロセスでもあり、厚生労働大臣が担当する行政分野の幅の広さを痛感する。

一〇　医師の働き方改革

医師の働き方改革は、平成三〇年の通常国会で成立した働き方改革関連法で残された大きな宿題だった。働き方改革関連法では、時間外労働の上限規制について、「月四五時間、年三六〇時間を原則とし、臨時的な特別な事情がある場合でも年七二〇時間、単月一〇〇時間未満」とすることを定めたが、医師に関しては、改正法施行五年後（二〇二四年度）に、時間外労働の上限規制を適用することとし、具体的な上限時間等は省令で定めることとされていた。厚生労働省では、医療政策と医師確保対策を担当する医政局と、労働基準施策を担当する労働基準局が一体となり、この課題に取り組んでいた。これも、「厚生労働省」だからこそできたことである。

◆時間外労働の上限規制と「三位一体」改革

医師の残業時間は、他の産業に比べて抜きん出て長い。厚生労働省が行った病院勤務医の時間外勤務に関する調査によれば、四割の医師が「過労死ライン」である月八〇時間以上の時間外勤務を行っており、「過労死ライン」の二倍の一、九二〇時間以上の時間外勤務を行っている医師も一割存在する。我が国の医療は、医師の高い職業意識と自己犠牲的な働き方によって支えられている状況だと言っても過言ではない。

一方で、医療は、紛れもなく国民の生命を預かるものである。高い専門性を要するため、医師として一人前になるまでには一〇年以上の歳月を要すると言われたりもする。

医療行為に従事する以上、常に新しい診断や治療の方法を習得しなければならない。不断の努力が必要であり、医師自身も自己研鑽への意識が高い。こうした点で、他産業と比較して特殊性があるのも事実である。地域医療の現場では、医師不足が課題となっている地域も多く、「勤務を替わってくれる医師がいない」という現状もある。

高い職業意識に支えられているといっても、時間外労働は健康への影響につながる。過労死の危険を感じながら働き続けている医師も少なくない。社会全体で働き方改革に取り組み、仕事と家庭の調和を図ることで職場における生産性を向上させていくことを目指す中で、医師だけが例外で良いわけではない。医師という職業の特殊性と、「働き方改革を進めていく」という社会全体を貫く基本的な考え方をどのように調和させていくかが、大きな課題だった。

厚生労働省では、時間外労働の上限規制について、「医師の働き方改革に関する検討会」を立ち上げて検討を進めていた。関係団体との調整も慎重に進め、大臣には幾度も説明に入り、方針の立て方について相談していた。

根本匠は、医師の働き方改革を進めることの重要性を十分に理解しつつも、地元の病院関係者と常日頃対話する中で、現在の医療提供体制の下では、医師の時間外労働なくして地域医療が成り立たない実情も耳にしている。

病院だけの努力で働き方改革に取り組んでいくことには限界がある。機能分化が十分に進んでいない地域の存在、地域ごとあるいは診療科ごとの医師の偏在、医師の需給自体が充足されているわけではない状況の中では、個々の病院がいくら旗を振ろうとも「他に替わる医師がいない」ということになるだけである。地域医療構想を通じた病床機能の機能分化や連携の推進、地域ごと、診療科ごとの医師の偏在対策も併せて、複合的な取り組みが必要不可欠だ。

病院の立場から言えば、すべての施策に影響されるし、施策としては密接に関連する。施策をつくる立場の厚生労働省自身が、現場の立場に立ち、様々な施策を連携させて考えていく必要がある。これが、医師の働き方改革を考える上で、根本が最も意識していたことだった。

時間外労働の上限規制については、厚労省の有識者検討会が平成三一年三月二八日に報告書をとりまとめている。

労働者の時間外労働の上限の一般則は、「一か月四五時間、年三六〇時間」。例外的な場合として「年七二〇時間、複数月平均で月八〇時間、月一〇〇時間未満で年六か月以内」である。これに対し、医師の時間外労働については、「年間九六〇時間以下」、月の上限は「原則一〇〇時間未満」とした。さらにこのほか、地域医療の確保のために医療機関を特定して設ける暫定的な特例措置、初期研修や後期研修の場合や一定期間集中的に高度な技能の育成するための診療を行う場合の水準として、年間の上限を「一、八六〇時間以下」と設定。

月八〇時間を目安とする過労死の認定基準を大幅に超過するため、対象医師が存在する医療機関には「連続勤務時間の制限二八時間」と、「勤務間インターバル九時間」の確保を義務付けることとした。月の勤務時間が一〇〇時間を超える例外も設けるが、この場合には、面接指導による睡眠・疲労の状況の確認や必要に応じ就業上の措置（就業制限、配慮、禁止。いわゆる「ドクターストップ」）を義務付けた。

経済財政諮問会議では、かねてから地域医療構想の実現について民間議員から議論が提起されていた。根本は、五月の経済財政諮問会議で、地域医療構想の実現、方針がとりまとめられた医師の働き方改革、医師偏在対策を「三位一体」で取り組む方針を打ち出した。「三位一体」の方針は「骨太の方針２０１９」にも取り入れられることとなる。

◆上手な医療のかかり方

医師の働き方改革を考えるにあたっては、医療サイドの変革だけではなく、患者サイドの意識の変革も欠かせない。休日や夜間に、緊急でもないのに病院にかかる、こうした行動が変わるだけでも、医師の負担を減らすことができる。

こうした患者サイドからの医療のかかり方の改善を進めるため、根本匠が厚生労働大臣に就任した直後の平成三〇年一〇月五日、厚生労働省は「上手な医療のかかり方懇談会」を立ち上げた。根本には別の公務があったが、「是非出席していただきたい」と担当部局からの強い要請もあり、終了間際に懇談会に駆けつける形となった。

会議室のドアを開けた瞬間に、明るく賑やかな議論が交わされている懇談会の雰囲気を感じた根本は、手元の挨拶文には目を通さず、即興で挨拶をした。これが受けたようで、場が盛り上がり、「是非一緒に」と請われ、参加者の皆さんとの写真撮影に応じた。ちなみに根本の隣りには、歌手のデーモン閣下が写っていた。

なお、この懇談会での議論は、一二月に懇談会構成員による「「いのちをまもり、医療をまもる」国民プロジェクト宣言！」としてとりまとめられている。

◆現場の声を聴く

根本匠は、平日は国会対応や政府の様々な会議、事務方との打ち合わせなどで多忙を極めていたが、土日も大臣の仕事に没頭していた。地元に戻った時も医療機関を回り、地域医療構想への取り組み、医師不足の現状、電子カルテなどのデータヘルス改革についての取り組みなど、施策に関する意見を聞く機会を設けた。役人が参考にするような先進的な病院だけではない、病院の生の声がそこにある。その声を根本は大切にしていた。

ある時、衆議院の厚生労働委員会で、四月から五月の一〇連休への救急医療体制の確保策についてやりとりがあった際、「大臣、この一〇連休、御地元の中核病院の救急外来の現場を本当に一度視察していただきたい。大臣のやっていただいたこと（一〇連休への対応）が本当に実効性があったかどうか。一度御見学に行っていただけますか」と投げかけられた。ようやく地元に帰ることができた六月のある週末、根本は地元で病院を訪問、一〇連休の状況についても尋ねていた。投げかけられたことには対応していく。この誠実さが根本の政治信条でもある。

コラム

■どんな時でも「歩こう!」

ドレッシング抜きの野菜サラダとトクホのお茶が、昼食の定番であることは前章のコラムで紹介したが、根本匠は健康志向が非常に高い。体力勝負の政治家が自身の健康に気を使うのは当然のことである。

とはいえ、根本が人一倍健康に気をつけていることは間違いなく、時間があれば車を使わず「歩く」ことを心がけた。

大臣になると、都内で公務中の時はほぼすべて大臣車で移動する。国会開会中は、委員会審議で椅子に座っている時間が長く、役所や総理官邸までの短い距離もすべて大臣車を使うことになるので、歩く時間は極めて限られてくる。

しかし根本は、それでも質疑の合間などわずかな空き時間を利用して、国会内を歩いた。さらには、厚労省と国会や議員会館への行き来の際に、時間的な余裕があれば、警護官(SP)に「歩くよ!」と声をかけ、速歩のウォーキングを楽しんだ。

あまり知られていないが、根本は毎年春になると花粉症に悩まされる。

「今日は止めたらどうですか?」。花粉の飛散がひどい時は、秘書官や事務所の秘書が根本に大臣車の利用を勧めるが、「歩く」と言い出したらきかない。マスクを着用してさっさと歩き出すのである。
変装用にとサングラスも購入したが、こちらの方は必要なかったようだ。

あとがき――令和を拓く社会保障

◆アベノミクスの成果

第二次安倍政権以降の七年間は、窮地に立たされていた日本を取り戻し、再生した。

平成はバブル絶頂期に時代の幕を開けたものの、その後のバブル崩壊から「失われた二〇年」と呼ばれた困難な局面が続いていた。ところが、二〇一二年一二月に第二次安倍政権が発足し、安倍晋三首相の経済政策「アベノミクス」が実行に移されると、平成は彩りを帯びるようになった。

最終盤にアベノミクスが花開かなければ、後世の歴史家は平成を「失われた三〇年」と振り返ることになったかもしれない。だが我々は極めて前向きに時代の最終盤を迎えることができた。そしていまや、平成の終わりの勢いをそのままに、我々は新しい令和の時代を大胆に切り拓こうとしている。

平成という時代の評価を一変させたアベノミクスは「三本の矢」と呼ばれる政策が柱だ。

①大胆な金融政策、②機動的な財政政策、③民間投資を喚起する新たな成長戦略——の三つだ。これで日本経済は平成の終盤で回復軌道に乗り、雇用も改善した。

まず国内総生産（GDP）は名目・実質ともに過去最高水準に拡大している。「失われた二〇年」を象徴するデフレもすでに「もはやデフレではない」と明言できる状況だ。消費者物価は二〇一三年前半に反転から堅調が続く。企業収益は二〇一二年度以降、大企業、中小企業ともに増加し、全体で三五兆円も拡大して過去最高を記録している。

経済・社会の足腰ともいえる雇用はV字回復を実現した。完全失業率は約二六年ぶりの低水準、有効求人倍率も約四五年ぶりの高水準にある。有効求人倍率は四七都道府県すべてで一倍を超えるという驚異的な状態だ。賃上げは六年連続で今世紀に入って最も高いレベルにあり、減少が続いていた正規雇用者数も四年連続で増えている。一般会計の税収見込みも、過去最高となる六二・五兆円（令和元年度予算）まで増加した。

◆社会保障は「成長と分配の好循環」のど真ん中

平成最終盤に獲得したこうした成長の果実を次なる成長につなげることが令和に引き継がれた責務だ。我々は「成長と分配の好循環」を目指している。成長の果実を、消費の底上げ、投資の拡大、労働参加率の向上、イノベーションの創出などに分配し、さらなる成長へとつなげていく。平成と令和の二つの時代をまたぐアベノミクスにとって最大かつ最後の大戦略と位置づけてもいい。

この「成長と分配の好循環」のど真ん中にあるのが社会保障である。社会保障の基盤強化という言い方がある。我々は希望出生率一・八や介護離職ゼロといった具体的目標を掲げ、保育や介護施設を整備し、そのための人材の処遇を改善し、子育てや介護をしながら働ける環境をつくり、就労や社会参加の機会も広げてきた。賃金の引き上げは言うまでもない。地域共生社会の実現にも取り組んだ。最近のアベノミクスの一連の取り組みはその多くが社会保障の土台作りだ。

こうした政策は経済、社会の担い手を増やし、消費を底上げし、投資の拡大にもつながる。持続的な経済成長、さらに強い経済づくりに欠かせない。社会保障の土台を固めなおすことで経済の足腰が鍛えられ、その結果としてさらに社会保障の基盤が強化される。「人生一〇〇年時代」に生きる我々は一世紀近くにわたる生涯を通じて、社会保障と付き合い続ける。あらゆる経済政策の中で最も一人一人の人生を左右するものだ。

◆令和時代の社会保障

令和元年の二〇一九年一〇月、消費税率は一〇%に引き上げられた。社会保障に必要な財源を確保するための税制改革を実行に移したことで、団塊世代が七五歳以上となる二〇二五年を意識して進めてきた社会保障・税一体改革は一区切りついた。

社会保障と税の一体改革では何を実現したのか。

高齢化で急増している医療・介護のニーズに対しては「急性期入院⇒リハビリ⇒退院・在宅生活」の流れをスムーズにする施策を打ち出した。病院の病床機能を分け、在宅医療を進めた。介護が必要になっても住み慣れた地域で自分らしい生活を続けることができる「地域包括ケアシステム」をつくり、認知症対策も強化してきた。

子ども・子育て支援を強化して待機児童解消にも力を入れている。二〇一九年四月からは幼児教育・保育を無償化した。二〇一九年一〇月からの消費税率一〇％への引き上げに合わせ、低所得の年金生活者には最大年六万円の「年金生活者支援給付金」を支給し始めた。

いずれも二〇二五年の日本の未来図に合わせた政策だ。

人口動態は多くの経済指標の中でも予測の確度が高いといわれる。二〇二五年よりさらに先を見据えると、団塊ジュニア世代が六五歳を迎える二〇四〇年がある。この頃には高齢者の人口の伸びは落ち着く一方、現役世代の人口が急減する局面を迎える。

ただ、六五歳以上の体力テストの結果は最近の約一五年間で五歳程度も若返っている。高齢者は「若く」なっている。六五歳、七〇歳になっても働き続けたいと考える人も少なくない。令和の時代の社会保障政策は、中長期の社会経済の変化を展望しながらつくっていくことになる。

◆社会保障の三つの機能――安心・活力・成長

私は社会保障には三つの機能があると考えている。「安心」「活力」「成長」だ。二〇四〇年を展望した令和の社会保障政策は、この三つを重視しなければならない。

一つ目は「安心」、生活の安心の基盤だ。社会保障は、保健・医療、介護・福祉、年金、子育てなど、国民生活のあらゆる場面を支えるセーフティネットだ。古くは救貧政策の側面が強かったが、その後の国民皆保険・皆年金の導入で防貧政策の役割を持つようになった。いまは子ども・子育て支援で現役世代を支える「全世代型社会保障」も目指している。地域包括ケアシステム、仕事と育児の両立支援なども安心が重要だ。

特に近年、女性のライフスタイルが変わってきており、女性の就業率も高まっている。結婚や出産を経験する人が多い三〇~四〇代の就業率が顕著に落ち込む「M字カーブ」も緩やかになっている。求められるのは、男性の育児参加だ。子どもは「社会の宝」。社会全体で子どもを大切にし、支援する必要がある。

二つ目は「活力」、社会の活力の基盤だ。これから求められる社会保障は、高齢や障害などの生活上のリスクを保障するだけではダメだ。国民一人一人が自ら有する力に応じていきいきと活躍できるよう、個人の可能性を引き出す「積極的社会保障」にしなければならない。一億総活躍社会、生涯現役社会、女性活躍推進などは、いずれもこの考え方に基づくものだ。「人生一〇〇年時代」に向けて、多様な就労・社会参加や、健康寿命の延伸に取り組む必要がある。「支えられる側」と「支える側」を分けて考えてはいけない。誰もがいきいきと暮らし、「共に支えあう存在」になる地域共生社会が目指す目標だ。

三つ目は「成長」、経済成長の基盤である。少子高齢化が進み、いまや地域によっては家計消費の二割を年金が占めるところもある。医療・介護などは、地域の雇用の重要な柱でもある。社会保障が地域経済の成長を支える役割を担う。一方、少子高齢・人口減少社会では、人工知能やロボット、ビッグデータなどを活用しなければ経済・社会は成り立たなくなる。医療・介護の分野ではイノベーションで生産性を上げ、新たな需要を喚起することで「課題解決型産業」を生み出す。シルバー・エコノミーは新しい可能性だ。「医療・介護イノベーション駆動型」の成長、いわば「攻めの社会保障」が必要だ。従来の「社会保障」の殻に閉じこもらず、農業、住宅、金融、食事といった分野にも幅を広げ、厚生労働省以外の省庁やあらゆる業界と手を取り合って社会保障をつくっていくことが経済の活力にもつながる。「成長と分配の好循環」の中心にいる社会保障の枠組みが大きくなれば、循環は質や量だけでなく、速度さえ上がっていくだろう。

もちろん、持続可能な社会保障制度にするには、給付と負担の不断の見直しが欠かせないことは言うまでもない。ただ、大局観を失ってはいけないことも確かだ。二〇四〇年に迎える人口構造の大転換と、それにともなう経済・社会の変化に我々は備えなければならないからである。

単なる給付と負担の見直しだけではなく、「安心・活力・成長」の視点をもって社会保障制度と働き方の改革を進めていきたい。経済と社会保障は私のライフワークだ。力不足と言われるかもしれないが、人生を賭すに値する、国のために心血を注ぐべき政策だ。
国民生活の安心を確保し、強い経済も実現する。それが「令和の国づくり」である。

根本　匠

厚生労働大臣根本匠の軌跡

平成三〇年（二〇一八年）

○第四次安倍晋三第一次改造内閣発足、厚生労働大臣に就任　一〇月二日
○「全国社会福祉協議会福祉懇談会」に出席　一〇月三日
○「第一九回未来投資会議」に出席　一〇月五日
○「第一回上手な医療のかかり方を広めるための懇談会」に出席　一〇月五日
○「第一二回経済財政諮問会議」に出席　一〇月五日
○「第一八回全国障害者芸術・文化祭おおいた大会」に出席　一〇月六日
○「第六九回WHO西太平洋地域委員会」に出席　一〇月七～九日
○京都大学高等研究院本庶佑特別教授が表敬訪問　一〇月一一日
○フィンランド社会保健省アンニカ・サーリッコ家族・社会保障事業大臣が表敬訪問　一〇月一一日

○「社会保険診療報酬支払基金関係功労者厚生労働大臣表彰式」に出席　一〇月一五日
○「イクメン推進シンポジウム」「イクメン企業アワード2018・イクボスアワード2018表彰式」に出席　一〇月一八日
○「公務部門における障害者雇用に関する関係府省連絡会議」に出席　一〇月二二日
○「2040年を展望した社会保障・働き方改革本部」を立ち上げ　一〇月二二日
○「第二回公務部門における障害者雇用に関する関係閣僚会議」において「公務部門における障害者雇用に関する基本方針」をとりまとめ　一〇月二三日
○「平成三〇年度薬事功労者厚生労働大臣表彰式」に出席　一〇月二三日
○第一九七回臨時国会召集　一〇月二四日〜一二月一〇日
○「食品衛生法施行並びに公益社団法人日本食品衛生協会創立七〇周年記念食品衛生全国大会」に出席　一〇月二五日
○障害のある職員と懇談　一〇月二六日
○「平成三〇年度生活衛生功労者厚生労働大臣表彰式」に出席　一〇月二六日
○「過労死等防止対策推進シンポジウム」に出席　一一月六日
○「第二一回未来投資会議」に出席　一一月六日
○ビル・ゲイツ氏が表敬訪問　一一月九日
○「厚生労働省障害者雇用推進本部」を設置　一一月一二日

○「革新的医薬品創出のための官民対話」に出席　一一月一二日
○「第七回健康寿命をのばそう！ アワード表彰式」に出席　一一月一九日
○「第一四回経済財政諮問会議」に出席　一一月二〇日
○幼保教育・保育の無償化で地方三団体と協議　一一月二一日、一二月三日
○「平成三〇年度全国社会福祉大会」に出席　一一月二三日
○「日本衛生検査所協会創立四五周年記念式典」に出席　一一月二三日
○「第一一回日中韓三国保健大臣会合」に出席　一一月二四～二五日
○「第一五回経済財政諮問会議、第二二回未来投資会議、まち・ひと・しごと創生会議合同会議」に出席　一一月二六日
○「革新的医療機器創出のための官民対話」に出席　一二月三日
○「国立国際医療研究センター創立一五〇周年記念式典」に出席　一二月三日
○全国社会保険労務士会連合会「社会保険労務士制度五〇周年記念祝賀会」に出席　一二月四日
○「水道法の一部を改正する法律」成立　一二月六日
○「第六八回障害者自立更生等厚生労働大臣表彰式」に出席　一二月七日
○「第一六回経済財政諮問会議」に出席　一二月一〇日
○「風しんに関する追加的な対策の骨子案」を発表　一二月一一日

○「第一回介護現場革新会議」に出席　一二月一一日
○「平成三〇年度援護事業功労者厚生労働大臣表彰式」に出席　一二月一二日
○「８０２０運動三〇周年記念式典」に出席　一二月一三日
○「妊婦加算」凍結方針を表明　一二月一四日
○「全国戦没者遺族大会」に出席　一二月一四日
○平成三一年度予算案財務大臣折衝に臨む　一二月一七日
○「いのちをまもり、医療をまもる」国民プロジェクト宣言を公表　一二月一七日
○「児童虐待対策体制総合強化プラン」を決定　一二月一八日
○郡山市内の障害者就労支援事業所、ハローワーク郡山、郡山市役所、郡山市こども総合支援センター、特別養護老人ホーム、地域包括支援センターを視察　一二月一九日
○認知症サポーター講座を受講　一二月二〇日
○日本原水爆被害者団体協議会・原告団・弁護団との定期協議に出席　一二月二〇日
○パトリシア・フロア駐日ＥＵ大使が表敬訪問　一二月二一日
○「中途採用・経験者採用協議会」を開催　一二月二一日、平成三一年四月一六日
○外国人材受入・共生関係閣僚会議において「外国人材の受入れ・共生のための総合的対応策」を決定　一二月二五日

○「認知症施策推進関係閣僚会議」を立ち上げ　一二月二五日
○医学部入学定員枠の特例措置を公表　一二月二五日
○「東京都児童相談センター」を視察　一二月二五日
○「日本経済団体連合会第七回審議員会」に出席　一二月二六日
○精神・発達障害しごとサポーター養成講座を受講　一二月二七日
○「第二回日本医療研究開発大賞表彰式」に出席　一二月二七日

平成三一年／令和元年（二〇一九年）

○西東京市における高齢者のフレイル予防の現場を視察　一月九日
○「平成三一年『はたちの献血』キャンペーン記者発表会」に出席　一月九日
○よこはま若者サポートステーションを視察　一月一一日
○障害者雇用優良企業シダックスオフィスパートナー(株)、社会保険診療報酬支払基金東京支部、新宿わかものハローワーク、東京新卒応援ハローワークを視察　一月一五日
○「日・ウズベキスタン共和国間の技能実習に関する協力覚書の署名式」に出席　一月一五日
○世田谷区の認知症初期集中支援チーム、外国人介護職員を受け入れている特別養護老人ホームを視察　一月一六日

○「毎月勤労統計調査等に関する特別監察委員会」を設置　一月一六日
○「毎月勤労統計調査等に関する特別監察委員会」が初会合　一月一七日
○「毎月勤労統計調査等に関する特別監察委員会」が報告書をとりまとめ　一月二二日
○「今後のがん研究のあり方に関する有識者会議」に出席　一月二三日
○衆議院厚生労働委員会、参議院厚生労働委員会、閉会中審査　一月二四日
○「第一回未来イノベーションワーキンググループ」に出席　一月二五日
○第一九八回通常国会召集　一月二八日〜令和元年六月二六日
○「（株）ミライロ」垣内俊哉社長と懇談　一月三〇日
○「毎月勤労統計調査等に関する特別監察委員会事務局」を設置　二月七日
○「児童虐待防止対策等に関する関係閣僚会議」において「緊急総合対策の更なる徹底・強化について」をとりまとめ　二月八日
○「第二回介護現場革新会議」に出席　二月一四日
○「毎月勤労統計の『共通事業所』の賃金の実質化をめぐる論点に係る検討会」が初会合　二月二二日
○「データヘルス改革（第五回）・ＩＣＴ利活用推進本部（第三回）」に出席　二月二六日
○「毎月勤労統計調査等に関する特別監察委員会」が追加報告書をとりまとめ　二月二七日

○衆議院本会議、「厚生労働大臣不信任決議案」を否決　三月一日
○「注文をまちがえる料理店@厚生労働省」に出席　三月四日
○「認知症バリアフリー懇談会」に出席　三月八日、二五日
○「第五回公務部門における障害者雇用に関する関係府省連絡会議」に出席　三月一一日
○「介護分野における生産性向上協議会」に出席　三月一一日
○「東日本大震災八周年追悼式」に出席　三月一一日
○認知症当事者と意見交換　三月一二日、令和元年六月七日
○「第一五回ヘルシーソサエティ賞授賞式」に出席　三月一三日
○「第三回介護現場革新会議」に出席　三月一四日
○「第七回日本医師会赤ひげ大賞　レセプション」に出席　三月一五日
○シンポジウム「スマホでみつける地方の仕事」に出席　三月一八日
○「未来イノベーションWG」が中間とりまとめ　三月一九日
○「児童虐待防止対策に関する関係閣僚会議」において「児童虐待防止対策の抜本的強化について」をとりまとめ　三月一九日
○「第三回公務部門における障害者雇用に関する関係閣僚会議」に出席　三月一九日
○「第二五回未来投資会議」に出席　三月二〇日

○硫黄島を訪問、「日米硫黄島戦没者合同慰霊追悼顕彰式」「硫黄島戦没者慰霊追悼顕彰式」に出席　三月二三日
○「介護現場革新会議 基本方針」をとりまとめ　三月二八日
○「第一回社会保障制度の新たな展開を図る政策対話＝農福連携」に出席　三月二八日
○「医師の働き方改革に関する検討会」が報告をとりまとめ　三月二八日
○臨時閣議において新元号を「令和」と決定　四月一日
○「二〇一九年度厚生労働省新規採用職員入省式」において訓示　四月一日
○「働き方改革関連法」施行　四月一日
○世界自閉症啓発デー「東京タワー・ブルーイベント2019」に出席　四月二日
○「第二回社会保障制度の新たな展開を図る政策対話＝住宅政策との連携」に出席　四月八日
○「第三回社会保障制度の新たな展開を図る政策対話＝金融関係」に出席　四月一五日
○働き方改革を推進する企業の現場㈱三越伊勢丹ホールディングスを視察　四月一五日
○ウィリアム・ハガティ駐日米国大使が表敬訪問　四月一五日
○定例記者会見において「年金ポータル」サイト開設を紹介　四月一六日
○「中途採用・経験者採用協議会」に出席　四月一六日
○「第二回ギャンブル等依存症対策推進関係者会議」において「ギャンブル等依存症対策推進基本計画」をとりまとめ　四月一九日

○郡山市内の「福祉まるごと相談窓口」、引きこもり支援のNPOを視察　四月二〇日
○「第四回社会保障制度の新たな展開を図る政策対話＝健康な食事の推進」に出席　四月二二日
○日本商工会議所と「働き方改革の推進に向けた連携協定」を締結　四月二二日
○「日本認知症官民協議会設立式」に出席　四月二二日
○「二〇一九年度こいのぼり掲揚式」に出席　四月二二日
○旧優生保護法一時金支給法の成立を受け大臣談話　四月二四日
○「第一回農林水産物・食品の輸出拡大のための輸入国規制への対応等に関する関係閣僚会議」に出席　四月二五日
○「厚生労働省改革若手チーム」発足　四月二五日
○「がん研究一〇か年戦略」の中間評価をとりまとめ　四月二五日
○「第九〇回連合メーデー中央大会」に出席　四月二七日
○天皇陛下ご退位「退位礼正殿の儀」に参列　四月三〇日
○天皇陛下ご即位「剣璽等承継の儀、即位後朝見の儀」に参列　令和元年五月一日
○厚生労働省セクシャルハラスメント講習を受講　五月七日
○「子ども・子育て支援法の一部を改正する法律」成立　五月一〇日
○「Nursing Now キャンペーン実行委員会発足式」に出席　五月一一日
○「第一回経済財政諮問会議」に出席　五月一四日

○「医療保険制度の適正かつ効率的な運営を図るための健康保険法等の一部を改正する法律」成立　五月一五日
○「第二七回未来投資会議」に出席　五月一五日
○「第二回農林水産物・食品の輸出拡大のための輸入国規制への対応等に関する関係閣僚会議」に出席　五月一七日
○「革新的医薬品創出のための官民対話」に出席　五月二〇日
○「メスキュード医療安全基金贈呈式」に出席　五月二〇日
○ハンガリー、カーシュレル・ミクローシュ人材大臣が表敬訪問　五月二〇日
○「安倍総理と障害者との集い」に出席　五月二一日
○「第五回山上の光賞授賞式」に出席　五月二一日
○「千鳥ヶ淵戦没者墓苑拝礼式」を主催　五月二七日
○「米大統領歓迎晩餐会」に出席　五月二七日
○「女性活躍法等改正法」成立　五月二九日
○「2040年を展望した社会保障・働き方改革本部」とりまとめ　五月二九日
○子どもの虹研修センターとの面会　五月二九日
○「一億総活躍・働き方改革フォローアップ会合」に出席　五月三〇日
○文京区の子ども家庭総合支援拠点を視察　五月三一日
○「世界禁煙デーイベント」を開催　五月三一日

○「第二回経済財政諮問会議」に出席　五月三一日
○国内外の大手製薬会社ＣＥＯらの会合「ＢＣＲミーティング」に出席　六月三日
○「第三回農林水産物・食品の輸出拡大のための輸入国規制への対応等に関する関係閣僚会議」に出席　六月四日
○「農福連携等推進ビジョン」をとりまとめ　六月四日
○「第二八回未来投資会議」に出席　六月五日
○「第四回介護現場革新会議」に出席　六月六日
○「改正障害者雇用促進法」成立　六月七日
○世田谷区の認知症対応通所介護施設を視察　六月七日
○「全国児童相談所長緊急会議」を開催　六月一四日
○カザフスタン駐日大使が表敬訪問　六月一四日
○認知症施策関係閣僚会議において「認知症施策推進大綱」をとりまとめ　六月一八日
○「児童虐待防止法等改正法」成立　六月一九日
○官庁訪問の学生に「挑戦者よ、来たれ！」とツイート　六月二一日
○「らい予防法による被害者の名誉回復及び追悼の日」式典に出席　六月二一日
○「経済財政諮問会議（第四回）・未来投資会議（第二九回）」に出席　六月二一日
○「沖縄全戦没者追悼式」に参列　六月二三日
○第一九八回通常国会が閉幕　六月二六日

○ひきこもり家族会等との意見交換会、ひきこもり施策に関するメッセージを発信　六月二十六日
○「自殺対策推進本部」に出席　六月二十七日
○改正健康増進法の施行に向けた第一種施設「文京区シビックセンター」を視察　六月二十七日
○豊中市において地域共生社会の実現に向けた現場の取り組みを視察　六月二十八日
○「G20財務・保健大臣合同セッション」において共同議長を務める　六月二十八日
○国立感染症研究所「BSL－4施設」を視察。エボラウィルスなどの輸出に関して藤野勝武蔵村山市長と会談　七月一日
○ジュリア・グリッロ　イタリア共和国保健大臣が表敬訪問　七月二日
○東京検疫所東京空港検疫所支所（羽田空港検疫所）を視察　七月二日
○組織・定員問題で担当大臣に直談判　七月二日
○「第五三回中央最低賃金審議会」に出席、令和元年度の最低賃金に関する調査審議を諮問　七月四日
○「ポリテクセンター埼玉」を視察　七月五日
○ものづくり企業の現場（株）協和エクシオ）を視察　七月五日
○厚生労働省改革の推進体制を整備　七月九日
○ハンセン病家族訴訟「控訴せず」方針を決定　七月九日

○ハンセン病家族訴訟原告団との「実務的な協議の場」の早期開催方針を表明　七月一二日
○「津久井やまゆり園事件追悼式」に出席　七月二三日
○「厚生労働省統計改革ビジョン2019有識者懇談会」を立ち上げ　七月二三日
○ハンセン病家族訴訟原告団と面談　七月二四日
○省内で開催された福島復興フェアに参加　七月二五日
○放課後等デイサービス事業所（大田区）、地域活動支援センター（港区）を視察　七月二五日
○「国立療養所多摩全生園」、「国立ハンセン病資料館」を視察　七月二六日
○関東信越厚生局麻薬取締部を視察　七月二九日
○HIV訴訟原告団との定期協議に出席　七月三〇日
○年金積立金管理運用独立行政法人「第三回 GPIF Finance Awards」に出席　七月三一日
○介護・福祉に関する新たなテクノロジーの実証施設「Future Care Lab in Japan」を視察　七月三一日
○「第六回経済財政諮問会議」に出席　七月三一日
○「知って、肝炎プロジェクトミーティング二〇一九」に出席　八月一日

○「児童虐待防止対策に係る体制強化の在り方に関する協議の場（第一回）」に出席　八月二日
○全国B型肝炎訴訟原告団・弁護団と定期協議　八月二日
○「広島原爆死没者慰霊式並びに平和祈念式」に参列。被爆者団体から要望を聞く会に出席。広島市内の広島原爆養護ホーム「倉掛のぞみ園」を慰問　八月六日
○「こども霞ヶ関見学デー」に参加　八月七日
○「長崎原爆犠牲者慰霊平和祈念式典」に参列。被爆者団体から要望を聞く会に出席。長崎市内の長崎原爆養護ホーム「恵の丘」を慰問、自筆の色紙を手渡す　八月九日
○「全国戦没者追悼式」に出席　八月一五日
○有識者懇談会が「厚生労働省統計改革ビジョン2019（仮称）の策定に向けた提言（案）」をとりまとめ　八月二〇日
○ロシア カザンにおいて「二〇二三技能五輪国際大会」の招致活動を展開　八月二一日
○「日本健康会議2029」に出席　八月二三日
○「薬害根絶デー」セレモニーに出席　八月二三日
○「厚生労働省改革若手チーム」が緊急提言　八月二六日
○「財政検証」結果を公表　八月二七日
○「厚生労働省統計改革ビジョン2019」を策定　八月二七日

○孔鉉佑駐日中国大使が表敬訪問　八月二七日
○「L20（労働組合会議）サミット」に出席　八月三〇日
○子育て中の厚労省女性職員との懇談　八月三〇日
○「第三回野口英世アフリカ賞授賞式」に出席　八月三〇日
○「G20労働雇用大臣会合」で議長を務める　九月一〜二日
○薬害肝炎全国原告団・弁護団との定期協議に出席　九月五日
○「FIN/SUM二〇一九」で講演　九月六日
○データヘルス改革推進本部に出席　九月九日
○「救急医療功労者及び参加医療功労者表彰式典」に出席　九月九日
○障害のある厚労省職員との懇談　九月一〇日
○厚生労働大臣を退任　九月一一日

資料②

ローテーション・サンプリング方式の導入の経緯（第二章）

☆：諮問会議の動き、○：統計委員会の動き、●：厚生労働省の動き

○平成二六年三月二五日　「公的統計の整備に関する基本的な計画」（閣議決定）

四　基本計画の推進

一　施策の効果的かつ効率的な実施

また、統計委員会は、統計法第五五条第三項の規定に基づき、毎年度、同中略法の施行状況に関する審議を通じて基本計画に関する施策の取組状況を把握し、必要に応じて関係府省に意見を提示している。第Ⅱ期基本計画においては、公的統計の整備に関する施策の更なる推進を図るため、統計法第五五条第三項の規定に基づき、以下の取組を重点的に実施する。

第一に、社会経済情勢の変化、経済構造統計を始めとする統計の新設、整理及び統合等を踏まえ、これまで統計委員会に諮問されていない基幹統計（基幹統計調査）を中心に、品質評価の要素に沿った見直し状況や基幹統計としての重要性及び必要性の充足状況等について計画的に確認する。

○平成二六年一一月一七日　統計委員会基本計画部会
「平成二六～二九年度の各年度における未諮問基幹統計の確認スケジュール」（案）
（案）ベースだが、「毎月勤労統計調査」について、平成二七年度中に確認と位置づけ。

●平成二七年六月三日　厚生労働省毎月勤労統計の改善に関する検討会（第一回）
座長　阿部正浩中央大学教授

○平成二七年六月二五日　統計委員会基本計画部会
平成二七年一一月以降に毎月勤労統計調査について、未諮問基幹統計の確認のための審議を行うとのスケジュールが決定。

●平成二七年六月二六日　厚生労働省毎月勤労統計の改善に関する検討会（第二回）
サンプル切替え、遡及改訂等の課題について

●平成二七年七月一〇日　厚生労働省毎月勤労統計の改善に関する検討会（第三回）
サンプル入れ替え方法とギャップの修正方法について

●平成二七年七月二四日　厚生労働省毎月勤労統計の改善に関する検討会（第四回）
サンプル入れ替え方法とギャップの修正方法の今後の方向性

●平成二七年八月七日　厚生労働省毎月勤労統計の改善に関する検討会（第五回）
これまでの検討の取りまとめについて

●平成二七年九月一六日　厚生労働省第六回毎月勤労統計の改善に関する検討会
中間的整理案　部分的入替えを導入するかどうかは結論が出ず。

☆平成二七年一〇月一六日　第一六回経済財政諮問会議
麻生大臣からGDP推計のもととなる基礎統計（毎月勤労統計を含む）の充実に努める必要性を指摘

☆平成二七年一一月四日　第一七回経済財政諮問会議
統計委員会に対し、サンプル替えの際に大幅な断層や遡及改訂が生じる場合のサンプル替えのあり方や、遡及改訂する際の過去サンプルとの整合性のあり方について考え方を示すこと、これらを始めとする横断的な課題について、早急に検討し、方針を整理することを要請。

○平成二七年一二月一一日　統計委員会第六五回基本計画部会
平成二七年第一七回経済財政諮問会議での提案に関する要請を受け、「平成二六年度統計法施行状況審議（未諮問基幹統計の確認）の検討の流れについて」を改定、毎月勤労統計調査について審議。
⇓　厚生労働省から、「毎月勤労統計の改善に関する検討会」におけるこれまでの検討状況について

報告

○平成二八年二月一六日　統計委員会第六七回基本計画部会
未諮問基幹統計の確認について（毎月勤労統計について）
抽出替えのギャップ等

○平成二八年三月二二日　統計委員会第六八回基本計画部会
平成二六年度統計法施行状況に関する審議結果（未諮問基幹統計確認関連分）（案）をとりまとめ。

毎月勤労統計調査（課題解決に向けた今後の取組の方向性）
・第一種事業所について、調査期間を三年一か月とし、一年ごとに三分の一の標本を入れ替えるローテーション・サンプリングの導入に向け、都道府県を始めとした実査に係る関係機関との調整及び必要な予算の確保に向けて取り組むことが必要である。（速やかに着手）
・平成三〇年一月をめどに開始する第一種事業所のローテーション・サンプリングへの経過的な移行に向け、経過措置も含めた具体的な移行のスケジュールや事業所母集団データベースの使用も含めた詳細な調査設計を検討することが必要である。（平成二八年度中に想定している統計委員会への諮問時期までに検討結果を得る）

○平成二八年三月二四日　第四回経済財政諮問会議
（西村統計委員会委員長発言（抜粋））

「また、景気指標として多数の人々が実感するのは、自分の事業所の平均賃金が上がったのか、自分の企業の投資が増加したのかである。つまり同じ事業所の平均賃金の変化、同じ企業の投資の変化になる。これに対応しているのは、サンプルを継続して調べている継続サンプルによる指標であるので、景気を表わす統計としては、統一的に参考の指標として提示するということをしていきたい。」

（西村統計委員会委員長提出資料（抜粋））

経済財政諮問会議からの課題への対応（二）

一　調査対象全てを、一度に入れ替えるのではなく、調査対象者を分けて、時期をずらして頻繁に入れ替える方式を導入する

二　調査対象を入れ替える時に断層が生じにくい、継続して調査する対象から作成した系列の参考提供など、景気判断によりふさわしい指標の充実を図る

○平成二八年五月二〇日　統計委員会第一回横断的課題検討部会新旧データ接続検討ワーキンググループの設置について

○平成二八年六月三〇日　統計委員会第一回新旧データ接続検討ＷＧ九統計調査の一つに、「毎月勤労統計調査」

○平成二八年七月二九日　統計委員会第二回新旧データ接続検討ＷＧ関連九統計に関する整理

検討対象となった九統計の中で、標本交替時の平均経過期間が最も長く（二一～三年）、新旧標本交替時による「断層調整を行うのは一統計」、ベンチマークが存在するのは三統計、当該三統計はベンチマーク更新の際、断層（水準）調整を実施、滑らかに接続、と記載。

○平成二八年八月三一日　統計委員会第三回新旧データ接続検討WG

旧横断的課題検討部会の下に新旧データ接続検討WGを設置し、各種統計調査の接続方法に係る『望ましい方法』を整理。〔標本交替による新旧断層への対応〕

・（過去値を補正し断層を解消することなく）新旧係数をそのまま接続する。

〔母集団情報の変更に伴う更新〕

・全数調査などベンチマークとなるものが存在する場合、それを利用して数値を確定する。

○平成二八年九月二九日　統計委員会第七二回基本計画部会・第三回横断的課題検討部会（合同部会）

（一）新旧データ接続検討ワーキンググループの審議結果について

（二）平成二七年度統計法施行状況に関する審議結果報告書（第Ⅱ期基本計画関連分）について

（三）その他

●平成二八年一〇月二七日

この整理に従い、厚生労働省は「毎月勤労統計の変更について」（ローテーション・サンプリングの導入等）を申請。

○平成二八年一一月一八日　第一〇三回統計委員会
諮問第九七号「毎月勤労統計調査の変更について」（諮問）
・厚生労働大臣からの「基幹統計調査の変更について（申請）」の承認の適否に当たり、総務大臣が統計法第一一条第二項において準用する同法第九条第四項の規定に基づき、統計委員会の意見を求めた。この際、厚労省からの申請事項記載書の新旧の変更案の箇所において、第一種事業所について、変更前になかった「※ただし、規模が五〇〇人以上の事業所については、全数調査とする。」を記載。

○平成二八年一一月二四日　統計委員会第六七回サービス統計・企業統計部会
毎月勤労統計調査の変更について①

○平成二八年一二月一五日　統計委員会第六八回サービス統計・企業統計部会
毎月勤労統計調査の変更について②

○平成二九年一月一二日　統計委員会第六九回サービス統計・企業統計部会
毎月勤労統計調査の変更について③

○平成二九年一月二七日　第一〇五回統計委員会
諮問第九七号の答申「毎月勤労統計調査の変更について」
・第一種事業所におけるローテーション・サンプリングの導入

平成二九年二月一三日　基幹統計調査の承認について（総務大臣から厚生労働大臣宛の通知）

H二九・一・二七の「答申」を受けて、総務大臣が承認

厚生労働省保険局
第118回社会保障審議会医療保険部会　令和元年6月12日資料より

資料③

2040年を展望し、誰もがより長く元気に活躍できる社会の実現を目指す。

《現役世代の人口の急減という新たな局面に対応した政策課題》

（Ⅰ）多様な就労・社会参加

【雇用・年金制度改革等】

○70歳までの就業機会の確保
○就職氷河期世代の方々の活躍の場を更に広げるための支援
（厚生労働省就職氷河期世代活躍支援プラン）
○中途採用の拡大、副業・兼業の促進
○地域共生・地域の支え合い
○人生100年時代に向けた年金制度改革

（Ⅱ）健康寿命の延伸

【健康寿命延伸プラン】
⇒2040年までに、健康寿命を男女ともに3年以上延伸し、75歳以上に

○①健康無関心層へのアプローチの強化、
②地域・保険者間の格差の解消により、以下の3分野を中心に、取組を推進
・次世代を含めたすべての人の健やかな生活習慣形成等
・疾病予防・重症化予防
・介護予防・フレイル対策、認知症予防

（Ⅲ）医療・福祉サービス改革

【医療・福祉サービス改革プラン】
⇒2040年時点で、単位時間当たりのサービス提供を5％（医師は7％）以上改善

○以下の4つのアプローチにより、取組を推進
・ロボット・AI・ICT等の実用化推進、データヘルス改革
・タスクシフティングを担う人材の育成、シニア人材の活用推進
・組織マネジメント改革
・経営の大規模化・協働化

《引き続き取り組む政策課題》

（Ⅳ）給付と負担の見直し等による社会保障の持続可能性の確保

「2040 年を展望した社会保障・働き方改革本部のとりまとめ」について　(第五章)

③－1　2040年を展望し、誰もがより長く元気に活躍できる社会の実現

● 2040年を展望すると、高齢者の人口の伸びは落ち着き、現役世代（担い手）が急減する。

→「総就業者数の増加」とともに、「より少ない人手でも回る医療・福祉の現場を実現」することが必要。

●今後、国民誰もが、より長く、元気に活躍できるよう、以下の取組を進める。

（Ⅰ）多様な就労・社会参加の環境整備、
（Ⅱ）健康寿命の延伸、
（Ⅲ）医療・福祉サービスの改革による生産性の向上、
（Ⅳ）給付と負担の見直し等による社会保障の持続可能性の確保

●また、社会保障の枠内で考えるだけでなく、農業、金融、住宅、健康な食事、創薬にもウイングを拡げ、関連する政策 領域との連携の中で新たな展開を図っていく。

中途採用の拡大

◆個々の大企業における中途採用比率の情報公開
◆「中途採用・経験者採用協議会」の知見を活用した企業への働きかけ強化
◆ハローワークにおける求職者の状況に応じたマッチング支援の充実
◆職業情報提供サイト（日本版 O-NET）（仮称）の2020年中の運用開始
◆中途採用等支援助成金の見直し

地域共生・地域の支え合い

◆世帯の複合的なニーズやライフステージの変化に柔軟に対応できるよう、新たな制度の創設を含め、包括的な支援体制の構築に向けた方策を検討
◆地域住民をはじめ多様な主体がつながり、活動する地域共生の取組の促進
◆高齢者も障害者も利用できるサービスの推進

人生100年時代に向けた年金制度改革

◆多様な就労を年金制度に取り込む被用者保険の適用拡大
◆就労期の長期化による年金水準の充実（就労・制度加入と年金受給の時期や組合せの選択肢の拡大、就労に中立的かつ公平性にも留意した在職老齢年金制度等の見直し、私的年金の加入可能年齢等の見直し）

③−2　（Ⅰ）多様な就労・社会参加

●現役世代人口の急減など人口減少が進む一方、高齢者の「若返り」が見られる中、より多くの人が意欲や能力に応じ社会の担い手としてより長く活躍できるよう、

①「一人一人の意思や能力、個々の事情に応じた多様で柔軟な働き方を選択可能とする社会」

②「地域に生きる一人一人が尊重され、多様な就労・社会参加の機会を得ながら、「縦割り」や「支え手」「受け手」という関係を超えて、住民一人一人の暮らしと生きがい、地域をともにつくっていく地域共生社会」

の実現に向けた環境整備を進める。

●あわせて、エイジフリー社会への変化を踏まえて、人生100年時代に向けた年金制度改革に取り組む。

《政策課題毎の主な取組》

70歳までの就業機会の確保
◆様々な就業や社会参加の形態も含め、70歳までの就業機会を確保する制度の創設 ◆高齢者の活躍を促進する環境整備（労働市場の整備、企業、労働者、地域の取組への支援）

就職氷河期世代の方々の活躍の場を更に広げるための支援
◆地域ごとの支援のためのプラットフォームの形成・活用 ◆就職氷河期世代、一人一人につながる積極的な広報 ◆対象者（不安定な就労状態にある方、長期にわたり無業の状態にある方、社会参加に向けて支援を必要とする方）の個別の状況に応じたきめ細やかな各種事業の展開

副業・兼業の促進
◆ガイドライン等による、原則として労働者は副業・兼業を行うことが可能である旨の周知 ◆健康確保の充実と労働時間管理の在り方について検討 ◆労災保険給付の在り方、雇用保険及び社会保険上の取扱いの在り方について引き続き検討

（1）次世代を含めたすべての人の健やかな生活習慣形成等

◆栄養サミット2020を契機とした食環境づくり
（産学官連携プロジェクト本部の設置、食塩摂取量の減少（8g 以下））
◆ナッジ等を活用した自然に健康になれる環境づくり
（2022年度までに健康づくりに取り組む企業・団体を7,000に）
◆子育て世代包括支援センター設置促進
（2020年度末までに全国展開）
◆妊娠前・妊産婦の健康づくり
（長期的に増加・横ばい傾向の全出生数中の低出生体重児の割合の減少）
◆ PHRの活用促進
（検討会を設置し、2020年度早期に本人に提供する情報の範囲や形式について方向性を整理）
◆女性の健康づくり支援の包括的実施
（今年度中に健康支援教育プログラムを策定）等

（2）疾病予防・重症化予防

◆ナッジ等を活用した健診・検診受診勧奨
（がんの年齢調整死亡率低下、2023年度までに特定健診実施率70%以上等を目指す）
◆リキッドバイオプシー等のがん検査の研究・開発
（がんの早期発見による年齢調整死亡率低下を目指す）
◆慢性腎臓病診療連携体制の全国展開
（2028年度までに年間新規透析患者3.5万人以下）
◆保険者インセンティブの強化
（本年夏を目途に保険者努力支援制度の見直し案のとりまとめ）
◆医学的管理と運動プログラム等の一体的提供
（今年度中に運動施設での標準的プログラム策定）
◆生活保護受給者への健康管理支援事業
（2021年1月までに全自治体において実施）
◆歯周病等の対策の強化
（60歳代における咀嚼良好者の割合を 2022年度までに80% 以上）等

（3）介護予防・フレイル対策

◆「通いの場」の更なる拡充
（2020年度末までに介護予防に資する通いの場への参加率を 6%に）
◆高齢者の保健事業と介護予防の一体的な実施
（2024年度までに全市区町村で展開）
◆介護報酬上のインセンティブ措置の強化
（2020年度中に介護給付費分科会で結論を得る）
◆健康支援型配食サービスの推進等
（2022年度までに25%の市区町村で展開等）
◆「共生」・「予防」を柱とした認知症施策
（本年6月目途に認知症施策の新たな方向性をとりまとめ予定）
◆認知症対策のための官民連携実証事業
（認知機能低下抑制のための技術等の評価指標の確立）等

③－３　（Ⅱ）健康寿命延伸プランの概要

●①健康無関心層も含めた予防・健康づくりの推進、②地域・保険者間の格差の解消に向け、「自然に健康になれる環境づくり」や「行動変容を促す仕掛け」など「新たな手法」も活用し、以下３分野を中心に取組を推進。
→ 2040年までに健康寿命を男女ともに３年以上延伸し（2016年比）、75 歳以上とすることを目指す。

2040年の具体的な目標＝男性：75.14歳以上 女性：77.79歳以上

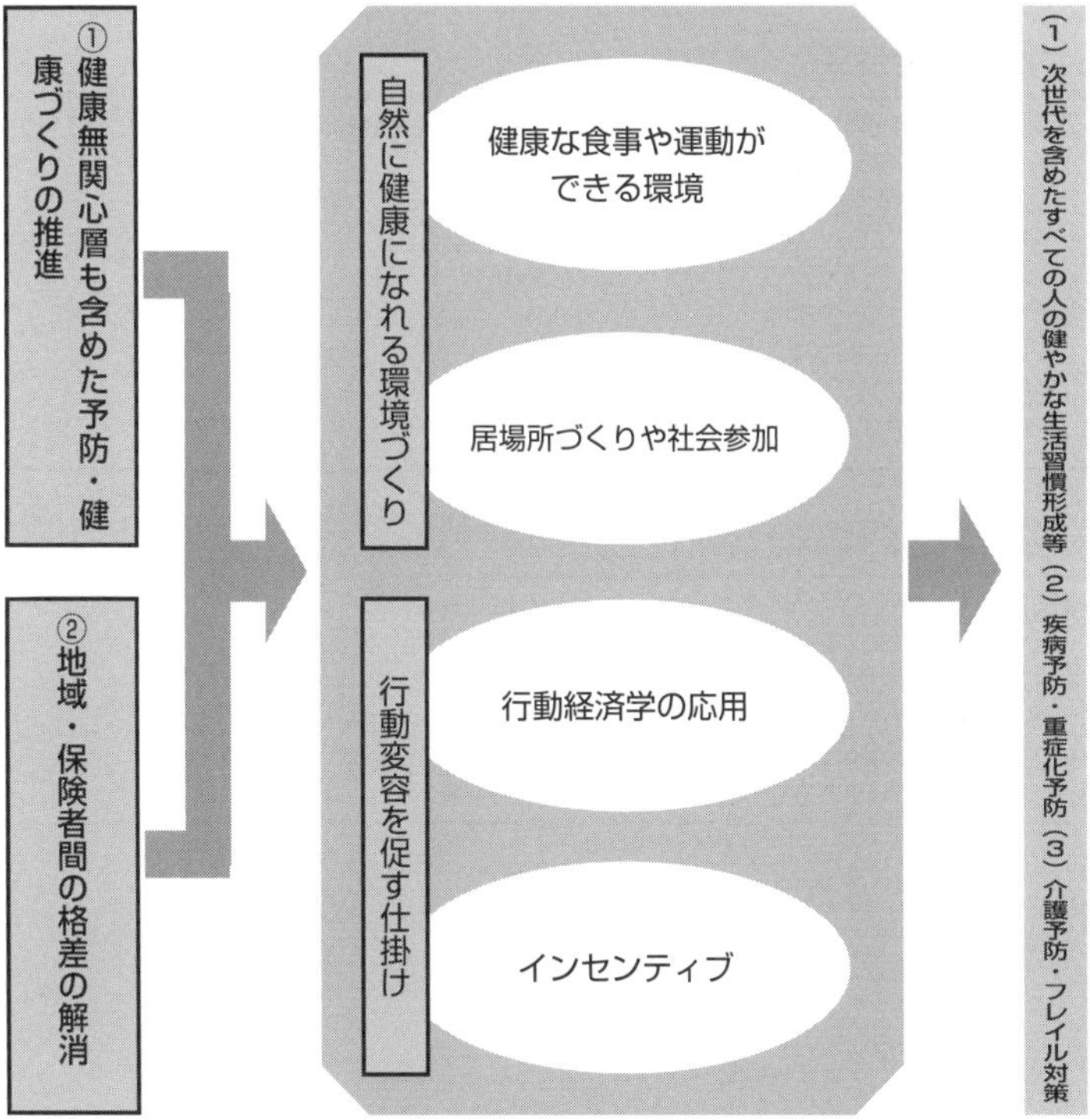

（3）組織マネジメント改革

◆意識改革、業務効率化等による医療機関における労働時間短縮・福祉分野の生産性向上ガイドラインの作成・普及・改善
（優良事例の全国展開）
◆現場の効率化に向けた工夫を促す報酬制度への見直し
（実績評価の拡充など）（次期報酬改定に向けて検討）
◆文書量削減に向けた取組
（2020年代初頭までに介護の文書量半減）、
報酬改定対応コストの削減
（次期報酬改定に向けて検討）等

（4）経営の大規模化・協働化

◆医療法人・社会福祉法人それぞれの合併等の好事例の普及
（今年度に好事例の収集・分析、2020年度に全国に展開）
◆医療法人の経営統合等に向けたインセンティブの付与
（今年度に優遇融 資制度を創設、2020年度から実施）
◆社会福祉法人の事業の協働化等の促進方策等の検討会の設置
（今年度に検討会を実施し、検討結果をとりまとめ）等

③−4 (Ⅲ) 医療・福祉サービス改革プランの概要

●以下4つの改革を通じて、医療・福祉サービス改革による生産性の向上を図る
→ 2040年時点において、医療・福祉分野の単位時間サービス提供量（※）について5％（医師については7％）以上の改善を目指す

※（各分野の）サービス提供量÷従事者の総労働時間で算出される指標
（テクノロジーの活用や業務の適切な分担により、医療・福祉の現場全体で必要なサービスがより効率的に提供されると改善）

（1）ロボット・AI・ICT 等の実用化推進、データヘルス改革

◆ 2040年に向けたロボット・AI 等の研究開発、実用化
（未来イノベーションWGの提言を踏まえ、経済産業省、文部科学省等と連携し推進）
◆データヘルス改革
（2020年度までの事業の着実な実施と改革の更なる推進）
◆介護分野で①業務仕分け、②元気高齢者の活躍、③ロボット・センサー・ICTの活用、④介護業界のイメージ改善を行うパイロット事業を実施
（2020年度から全国に普及・展開）
◆オンラインでの服薬指導を含めた医療の充実
（本通常国会に薬機法改正法案を提出、指針の定期的な見直し）等

（2）タスクシフティング、シニア人材の活用推進

◆チーム医療を促進するための人材育成
（2023年度までに外科等の領域で活躍する特定行為研修を修了した看護師を1万人育成等）
◆介護助手等としてシニア層を活かす方策
（2021年度までに入門的研修を通じて介護施設等とマッチングした者の数を2018年度から15%増加）等

金融政策
◆資産形成の促進 ・確定拠出年金（DC）の加入可能年齢の引上げ ・中小企業への確定拠出年金（DC）の普及拡大 ・金融庁とも連携した個人型確定拠出年金（iDeCo）とNISAを組み合わせた資産形成や私的年金のリターンの向上に向けた取組の推進 ◆資産を有効活用できる環境の整備 ・任意後見制度等の成年後見制度の利用を促進

健康な食事
◆自然に健康になれる食環境づくり推進 ・産学官連携による推進体制を令和2年度末までに整備し、取組を展開 ◆健康無（低）関心層への啓発 ・東京での栄養サミット2020に向け我が国の栄養・食生活改善の政策を強化 ◆高齢者等に向けた健康な食事の普及 ・咀嚼機能等が低下した人向けの食品の製造・流通拡大を支援 ◆健康な栄養 ・食生活の推進に向けたエビデンスの強化

創薬
◆我が国で革新的な医薬品が生み出される環境整備 ・データ・テクノロジーを活用した創薬支援 ・オープンイノベーションの更なる推進 ◆日本発医薬品の国際展開の推進 ・アジア医薬品・医療機器規制調和の推進 ・医薬品等の国際展開に向けた環境整備のための人材育成 ◆攻めの医薬品産業への支援

③－5　社会保障制度の新たな展開を図る政策対話の成果について

●2040年の高齢化社会を見据えた社会保障改革を進めるに当たっては、これまでの厚生労働行政の枠組みにとらわれず、様々な分野の展開の視点を取り込むことが重要。

●このため、厚生労働大臣が各業界関係者と直に意見交換する「社会保障制度の新たな展開を図る政策対話」を開催。

●医療、介護、福祉、年金、雇用保険といった社会保障の枠内で考えるだけでなく、**農業、金融、住宅、健康な食事、創薬にもウイングを拡げ、関連する政策領域との連携の中で新たな展開を図っていく。**

《各分野の主な取組》

農福連携

◆全国的な機運の醸成
・2020オリパラ東京大会に合わせた、農福連携マルシェなど開催の検討

◆「農」「福」の広がりへの支援
・高齢者や困窮者、ひきこもり等に対する農作業を通じた就労・社会参加支援の展開に向けた取組の検討
・林業や水産業、畜産業といった地域に根差した１次産業分野での、地域課題解決型の障害者就労のモデル事業の創設等の検討

◆ 地域づくりへの展開
・自治体や民間団体と連携した、ノウフクJAS商品のPRの取組の実施

住宅政策

◆住まいの確保の支援
・居住支援法人の取組を促進する観点から、生活困窮者自立支援制度における事業での活用等、効果的な連携方策を検討

◆早めの住まいの改修等の促進
・早めに住まいを改修することのメリット等をまとめたガイドラインの周知・普及

◆住み慣れた住まいでの生活継続への取組の推進
・住宅団地の高齢者の居住支援の取組等の好事例を収集し、周知・普及

◆高齢者向け住まいにおける看取りの推進

著者略歴

根本 匠（ねもと・たくみ）

1951年福島県生まれ。東京大学経済学部卒業後、建設省入省。

1993年衆議院議員初当選。厚生政務次官として年金制度や医療制度の改革、子育て支援、介護保険の導入などに取り組む。「議員立法の根本匠」「政策新人類」との呼び名を得、英紙Financial Timesなど海外メディアでも話題に。小泉内閣で内閣府副大臣・総理大臣補佐官、安倍内閣で総理大臣補佐官を務め、「アジア・ゲートウェイ戦略」などの経済成長・国家戦略を遂行。社会保障と経済政策に精通し、衆議院経済産業委員長、党広報本部長等々歴任。

2012年12月、復興大臣、福島再生総括大臣就任、復興を加速化。党金融調査会長として2017年、フィンテック、レグテック、ブロックチェーン技術を政府の成長戦略に。憲法改正推進本部事務総長として2018年、自民党憲法改正4項目素案を策定。

2018年10月厚生労働大臣就任。2040年を展望した社会保障改革、働き方改革、さらに厚生労働省改革などを推進。

現在、自民党中小企業調査会長、税制調査会副会長、憲法改正推進本部事務総長、人生100年時代戦略本部長代理、東日本大震災復興加速化本部長代行、公共工事品質確保に関する議員連盟会長、自民党福島県連会長、新生自民党「東北志士の会」代表、東京農業大学客員教授等を務める。

主な著書：『政治家根本匠の生き方―政策本位の政治で日本は変わる』（テラ・コーポレーション）、『日本経済起死回生トータルプラン』（光文社）、『日本再生　構造改革の全貌―政治家根本匠の生き方Ⅱ』（径草社）、『自民復権』（共著、幻冬舎新書）、『真の政治主導―復興大臣の617日』（中央公論事業出版）等。

疾風《しっぷう》に勁草《けいそう》を知《し》る——政治家《せいじか》根本匠《ねもとたくみ》の生《い》き方《かた》

2020年4月1日　初版発行

著　者　根《ね》　本《もと》　匠《たくみ》　平田淳裕《ひらたあつひろ》&匠《たくみ》フォース

制作・発売　中央公論事業出版
〒101-0051　東京都千代田区神田神保町1-10-1
IVYビル5階
電話　03-5244-5723
URL　http://www.chukoji.co.jp/

印刷・製本／大日本印刷
装丁／studio TRAMICHE

ISBN978-4-89514-506-0　C0031